# Conocerme después de los 50

UNA EXPERIENCIA PARA RECONOCERTE,
VALORARTE Y CREAR TU FUTURO
CON UNA SONRISA

I0835212

Mauricio German Salgado Castilla

2026

© Mauricio German Salgado Castilla

**Editores**: Miguel Ángel Salgado Acosta y Mauricio Salgado Castilla

**Corrección de Estilo**: Julia Molina Pérez

**Diagramación electrónica**: Miguel Ángel Salgado Acosta

**Diseño de Portada**: Mauricio Salgado Castilla

**Autor imágenes Dall**-e

**Primera Edición: marzo 2026**

**La tipografía Amazon Endure fue diseñada por 2K/DENMARK en 2025. ID de plantilla: ST-414D415A-25-A01 Impreso en los Estados Unidos.**

**ISBN: 978-1-972915-09-7**

**Todos los derechos reservados.**

**Ninguna parte de este libro puede ser reproducida, almacenada en un sistema de recuperación, ni transmitida en ninguna forma ni por ningún medio, sea electrónico, mecánico, fotocopia, grabación u otros, sin el permiso previo y por escrito del autor. Queda estrictamente prohibida la distribución no autorizada, total o parcial, de este contenido, así como su uso con fines comerciales sin la debida autorización.**

**EDITORIAL CONOCERME**

# DEDICATORÍA

A mis padres Gladys y Gabriel, con toda mi gratitud por haberme mostrado, desde el amor más generoso, que lo imposible también podía ser posible. Crecí en un mundo donde las sonrisas envolvían las enseñanzas y cada día era un reto para mi mente inquieta.

Hoy, con los años que me han traído canas llenas de historias, emociones y aprendizajes, los admiro más, los entiendo más y los quiero más.

Ahora comprendo el enorme desafío que es vivir, trabajar, criar hijos y seguir adelante.

Gracias por seguir siendo mi impulso, mi fortaleza, mi ejemplo silencioso, pero siempre presente.

## Contenido

# PRÓLOGO

# PRÓLOGO

Cuando la vida te invita a reinventarte

¿Qué queda de aquel joven que tenía tantos planes, tanta energía y tantas certezas? Tal vez queda más de lo que imaginamos, aunque ahora se exprese de otra manera, con otro ritmo, con una mirada distinta y una sabiduría que antes no existía.

Y más importante aún: ¿qué puedes hacer hoy con lo que sabes, con lo que eres y con lo que sientes? Esa pregunta no llega igual para todos, ni aparece siempre en el mismo momento. A veces surge lentamente, casi en silencio, y otras veces llega con la fuerza de un cambio inesperado.

Puede aparecer con la jubilación, con el retiro, con el silencio de los días que ya no tienen los mismos horarios o con la sensación extraña de no saber muy bien qué hacer con el tiempo disponible. También puede llegar con un cambio en el cuerpo, con una relación de pareja que se transforma, con una pérdida, con los hijos que toman su propio camino o con una vida familiar que ya no funciona como antes.

A veces llega sin aviso, en medio de una mañana cualquiera, durante una conversación, frente a una taza de café o en ese instante en que uno se queda a solas consigo mismo. Pero casi siempre trae una pregunta esencial: ¿qué hago con el resto de mi vida?

Hay un momento inevitable en el que uno se detiene y se pregunta quién es ahora. No quién fue, no quién aparentó ser, no quién esperaban los demás, sino quién es en este momento de la vida, con su historia, sus heridas, sus aprendizajes, sus deseos y sus posibilidades.

Este libro nace de ese momento. Nace de entender que los años no son una carga, sino un capital; que la experiencia no envejece, sino que madura, enseña y florece cuando se comparte lo vivido, no desaparece: se convierte en materia prima para mirar la vida con más conciencia.

Vivimos en un mundo que idolatra la juventud, la velocidad, la apariencia y la productividad permanente, pero quienes hemos recorrido camino empezamos a descubrir algo distinto, ya no queremos impresionar tanto; queremos disfrutar más. Queremos tiempo para amar, crear, aprender, conversar, agradecer y reír sin culpa.

Quizá tú también estás ahí, en ese punto donde todo parece cambiar y donde muchas certezas empiezan a moverse. Tal vez sientes que algunas respuestas de antes ya no sirven, o que ciertas preguntas que habías evitado comienzan a tocar la puerta con más fuerza.

En estas páginas no encontrarás fórmulas mágicas ni respuestas prefabricadas. Encontrarás preguntas, reflexiones y una invitación amable a mirar hacia adentro sin miedo, sin prisa y sin juicio.

Porque conocerte no es un destino al que se llega de una vez y para siempre. Es una conversación que se va haciendo más profunda con el tiempo.

Y esta vez, la conversación es contigo.

CAPÍTULO

# 1

# ¿QUIÉN SOY *realmente?*

# Capítulo 1

## ¿Quién soy realmente?

### EL MOMENTO DEL QUIEBRE

*Llega un momento en la vida en el que uno se queda a solas consigo mismo, el ruido del trabajo se reduce, los hijos toman su camino y la rutina que durante años dio estructura empieza a transformarse. No ocurre de un día para otro, pero cuando sucede, se siente.*

*De pronto aparece una pregunta que antes no tenía espacio. No porque no existiera, sino porque no había tiempo para escucharla.*

### ¿QUIÉN SOY AHORA, CUANDO YA NO SOY LO QUE HACÍA?

Durante muchos años nos definimos por nuestros roles, el cargo, la profesión, el ser padre o madre, el proveedor, el que resolvía; Vivimos respondiendo a lo que se esperaba de nosotros, construyendo identidad a partir de lo que hacíamos.

Pero cuando esas funciones cambian o desaparecen, algo queda al descubierto. No somos los títulos ni los papeles que desempeñamos, somos la persona que queda cuando todo eso se silencia.

Ese descubrimiento puede incomodar, puede sentirse como una pérdida de referencia, como si el guion que seguíamos ya no aplicara; no es necesariamente tristeza, es más bien una sensación de vacío, de estar sin instrucciones claras.

Sin embargo, ese vacío no es el final de nada, es el comienzo de algo distinto.

Es el espacio donde podemos detenernos y preguntarnos, con honestidad, quiénes somos realmente, es el lugar donde la vida deja de empujarnos y empieza a invitarnos.

Muchos pasan por este momento sin entenderlo, lo llenan de actividad, de distracciones o de nostalgia, pero quienes se permiten habitarlo descubren algo valioso: que ahí, en ese silencio, empieza el verdadero autoconocimiento.

No se trata de volver a ser quien fuiste, tampoco de inventarte desde cero. Se trata de reconocer lo que siempre ha estado ahí, pero que pocas veces tuvo espacio para mostrarse.

Porque cuando el hacer disminuye, el ser aparece.

Y esa es, quizás, una de las oportunidades más profundas que trae esta etapa de la vida.

## EL VACÍO COMO OPORTUNIDAD

Esa sensación de estar "sin guion" puede desconcertar, durante años hubo una ruta clara: responsabilidades, decisiones, compromisos, siempre había algo que hacer, alguien a quien responder, un lugar al que llegar, de pronto, ese ritmo cambia y aparece un espacio que no sabemos bien cómo llenar.

No es necesariamente tristeza, es una pausa, una especie de silencio interno que puede incomodar porque no estamos acostumbrados a escucharlo.

Nos entrenamos para cumplir, pero no siempre para sentir, aprendimos a avanzar, pero no necesariamente a detenernos, por eso, cuando la vida nos regala este espacio, lo interpretamos como pérdida, cuando en realidad es una apertura.

Ese vacío no es ausencia. Es disponibilidad.

Es el lugar donde podemos empezar a elegir con mayor conciencia, donde ya no hacemos lo que toca, sino lo que realmente queremos, donde la experiencia acumulada deja de ser historia y se convierte en herramienta.

Por primera vez en mucho tiempo, la vida no nos está empujando, nos está dando permiso.

Permiso para cuestionar lo que antes dábamos por hecho, permiso para soltar lo que ya no tiene sentido, permiso para intentar caminos que antes parecían lejanos o incluso imposibles.

Ahí, en ese espacio, empieza algo nuevo, no desde la urgencia, sino desde la claridad, no desde la presión, sino desde la elección.

Muchos temen ese momento porque no tiene forma definida, no hay instrucciones, no hay garantías, pero justamente ahí está su valor, es un territorio abierto, donde podemos escribir con más libertad.

El pasado ya no se puede cambiar, pero sí se puede reinterpretar y el futuro, lejos de estar cerrado, se vuelve más amplio cuando dejamos de vivir en automático.

Ese vacío, bien entendido, es una oportunidad extraordinaria no para volver atrás, sino para avanzar con más sentido.

Porque cuando dejamos de llenar la vida con lo que toca, empezamos a descubrir lo que realmente importa.

## DOS MANERAS DE PENSAR

Para empezar a entendernos mejor, podemos mirar nuestra forma de pensar desde una aproximación sencilla no es una clasificación rígida ni pretende encasillar, es solo una manera práctica de observarnos.

A lo largo de la vida solemos inclinarnos hacia una de dos formas de procesar la realidad ninguna es mejor que la otra son distintas, y cada una tiene su valor.

Hay quienes se sienten más cómodos con el orden, la lógica y las secuencias les gusta entender paso a paso, planear antes de actuar y tener claridad en lo que hacen encuentran seguridad en la estructura y en lo que pueden controlar.

Otros, en cambio, se mueven con más facilidad en la intuición, la creatividad y la conexión de ideas no necesitan tener todo definido desde el inicio confían en el proceso, en lo que van descubriendo sobre la marcha, y disfrutan explorar caminos nuevos.

Podríamos decir, de forma simple, que unos tienden a lo estructurado y otros a lo divergente.

Si te reconoces en el primer grupo, probablemente valoras el orden, la precisión y el seguimiento te sientes cómodo cuando las cosas tienen lógica y cuando puedes avanzar con un plan claro durante años, esta forma de pensar te permitió construir, organizar y cumplir.

Si te reconoces en el segundo, es posible que tu fortaleza haya estado en imaginar, conectar, crear tal vez te resultaba más natural ver el panorama completo que detenerte en los detalles tu manera de pensar aportaba nuevas ideas, nuevas formas de hacer las cosas.

Ambas formas han sido útiles, ambas han sido necesarias y ambas siguen estando dentro de ti.

El punto importante no es en cuál encajas, sino reconocer cuál ha sido tu tendencia dominante, porque durante muchos años vivimos apoyándonos en lo que mejor sabemos hacer, dejando en segundo plano aquello que no desarrollamos tanto.

Y aquí aparece algo interesante.

Lo que antes fue suficiente, hoy puede quedarse corto.

Quien ha vivido desde la estructura puede sentir que falta flexibilidad, creatividad o espontaneidad, quien ha vivido desde la intuición puede notar que necesita más orden, más enfoque o más capacidad de ejecución.

Y esto no es un problema. Es una oportunidad.

Porque en esta etapa de la vida no se trata de cambiar quién eres, sino de integrar lo que te falta.

Puedes seguir siendo estructurado y permitirte explorar, puedes seguir siendo creativo y aprender a concretar, no tienes que dejar de ser quien has sido, solo necesitas ampliar tu forma de actuar.

Cuando logras eso, algo cambia.

Empiezas a tomar decisiones con más equilibrio, a ver más opciones, a construir con más sentido, a disfrutar más lo que haces.

Porque ya no estás limitado por una sola manera de pensar.

Estás usando todo lo que eres.

## INTEGRAR PARA AVANZAR

Después de reconocer estas dos maneras de pensar, surge una idea clave: no eres solo una de ellas, a lo largo de tu vida pudiste haber desarrollado más una que la otra, pero ambas siguen estando dentro de ti, disponibles.

Durante muchos años funcionó apoyarte en tu fortaleza principal, si eras estructurado, construiste desde el orden y la claridad. Si eras más intuitivo, avanzaste desde la creatividad y la conexión de ideas, eso te permitió llegar hasta aquí.

Pero esta etapa plantea algo distinto.

Ya no se trata de hacer más de lo mismo, sino de completar lo que falta, de integrar aquello que no desarrollaste tanto y que ahora puede abrir nuevas posibilidades.

Quien ha vivido desde la estructura puede empezar a explorar lo nuevo sin necesidad de tener todo bajo control, permitirse improvisar, escuchar la intuición, aceptar que no todo tiene que estar definido antes de empezar.

Quien ha vivido desde la intuición puede descubrir el valor de dar forma a sus ideas, organizar, priorizar, avanzar paso a paso, no para limitar su creatividad, sino para hacerla realidad.

En ambos casos, el movimiento es el mismo: ampliar.

Y en ese proceso ocurre algo interesante, lo que antes parecía una debilidad empieza a convertirse en un complemento, lo que evitabas, ahora se vuelve una herramienta.

La vida ya te mostró lo que sabes hacer, ahora te está mostrando lo que puedes aprender.

No se trata de cambiar tu esencia. Se trata de equilibrarla.

Porque cuando integras estas dos formas de pensar, tu manera de ver la vida cambia, las decisiones se vuelven más completas, las acciones más coherentes y los resultados más alineados con lo que realmente quieres.

Dejas de moverte solo por seguridad o solo por impulso, empiezas a avanzar con dirección y con sentido.

Y eso marca una diferencia profunda.

Ya no reaccionas de la misma manera, ya no repites patrones automáticamente empiezas a elegir, elegir cómo pensar, elegir cómo actuar, elegir cómo vivir.

Esa es, quizás, una de las mayores libertades que trae esta etapa.

## LA CAPACIDAD DE CAMBIAR

Durante mucho tiempo se creyó que después de cierta edad, el cerebro dejaba de cambiar, que aprender algo nuevo se volvía difícil y que la forma de pensar quedaba prácticamente definida.

Hoy sabemos que no es así.

El cerebro tiene la capacidad de adaptarse, reorganizarse y crear nuevas conexiones a lo largo de toda la vida, no importa si tienes 50, 60 o más, esa posibilidad sigue estando ahí.

Esto no ocurre de manera automática, requiere intención, práctica y constancia, pero es completamente posible.

Cada vez que aprendes algo nuevo, cada vez que te enfrentas a una situación distinta o decides hacer las cosas de otra manera, tu cerebro se activa y empieza a generar nuevas rutas es como abrir caminos donde antes no los había.

Por eso, aquello que durante años evitaste o no desarrollaste no está perdido, está disponible.

Puedes aprender un idioma, empezar un proyecto, escribir, crear, estudiar algo que siempre te llamó la atención o simplemente cambiar la forma en que enfrentas tu día a día no lo harás igual que a los veinte, y esa es justamente la ventaja.

Ahora tienes algo que antes no tenías: experiencia.

Esa experiencia hace que entiendas más rápido, que relaciones mejor, que tomes decisiones con mayor profundidad, el aprendizaje no solo es posible puede ser incluso más consciente y significativo.

La edad no limita la capacidad de cambio lo que la limita, muchas veces, es la creencia de que ya no se puede.

Y esa es una idea que vale la pena cuestionar.

Porque cuando decides probar algo nuevo, aunque sea pequeño, estás enviando un mensaje claro a tu mente: todavía hay camino.

No se trata de transformarlo todo de un día para otro, se trata de empezar, de hacer ajustes, de explorar, de abrir espacio a nuevas formas de pensar y actuar.

Con el tiempo, esos pequeños cambios se acumulan lo que parecía difícil empieza a ser natural, lo que parecía ajeno empieza a formar parte de ti.

Y entonces ocurre algo importante.

Dejas de verte como alguien que ya vivió lo que tenía que vivir, y empiezas a verte como alguien que todavía está construyendo.

Esa es la verdadera fuerza de esta etapa.

No es el final de un proceso.

Es la oportunidad de empezar uno nuevo, con más conciencia, más claridad y más libertad.

## PREGUNTAS PARA EMPEZAR A DESCUBRIRTE

Después de recorrer estas ideas, llega un momento importante: detenerse y mirar hacia adentro, no para encontrar respuestas perfectas, sino para empezar a escucharte con más atención.

No necesitas hacerlo todo de una vez, tampoco necesitas tener claridad absoluta, Lo importante es permitirte el espacio para responder con honestidad, sin prisa y sin juzgar lo que aparezca.

A veces, una sola pregunta bien hecha puede abrir más caminos que muchas explicaciones.

Por eso, te invito a escribir, no en la mente sino en un cuaderno, en una hoja, en un lugar donde tus palabras tomen forma cuando escribes, ordenas, descubres y conectas de una manera distinta.

Empieza por lo más sencillo.

¿En qué tipo de pensamiento te reconoces más hoy: en el estructurado o en el intuitivo? No como una etiqueta definitiva, sino como una tendencia que has desarrollado a lo largo del tiempo.

Ahora da un paso más.

¿Cuál ha sido el rol que más te ha definido hasta ahora? Puede ser tu profesión, tu papel en la familia, la forma en que otros te ven o la manera en que tú mismo te has descrito durante años.

Y luego, una pregunta que abre posibilidades.

¿Qué parte de ti ha quedado menos explorada? Aquello que sabes que está ahí, pero que no has desarrollado del todo. Puede ser algo pequeño o algo que has postergado por mucho tiempo.

Permítete ir un poco más lejos.

Si pudieras empezar una nueva etapa sin las limitaciones que hoy te impones, ¿qué te gustaría hacer? No pienses en si es posible o no, solo en lo que realmente te atrae.

Y finalmente, una pregunta que conecta todo.

¿Cómo podrías empezar a integrar lo que ya sabes hacer con aquello que te gustaría explorar?

No busques respuestas definitivas quédate con lo que resuene, con lo que te incomode un poco, con lo que despierte curiosidad.

Este no es un ejercicio para terminar, es un proceso para comenzar.

Porque conocerte no es encontrar una respuesta única, sino aprender a hacerte mejores preguntas.

## CERRAR PARA EMPEZAR

Al llegar hasta aquí, es posible que no tengas respuestas claras, y eso está bien. Tal vez incluso tengas más preguntas que al comenzar, y eso también forma parte del proceso. Durante mucho tiempo vivimos buscando certezas, queriendo saber qué hacer, cómo hacerlo y hacia dónde ir, esa forma de vivir nos dio estructura, nos permitió avanzar, construir y cumplir.

Sin embargo, llega un momento en el que la vida deja de pedir respuestas rápidas y empieza a pedir algo distinto: presencia, conciencia y elección; este capítulo no busca decirte quién eres, porque eso nadie puede hacerlo por ti, lo que sí puede hacer es abrir un espacio para que empieces a descubrirlo por ti mismo.

Has recorrido una parte importante del camino, has acumulado experiencias, aprendizajes, errores y aciertos que forman parte de lo que eres hoy, nada de eso se pierde, todo está ahí, disponible. La diferencia es que ahora puedes mirarlo de otra manera, no desde la urgencia de cumplir, sino desde la libertad de elegir, no desde lo que se espera, sino desde lo que realmente quieres.

Quizá por primera vez en mucho tiempo tienes la oportunidad de construir una relación distinta contigo mismo, más honesta, más tranquila y consciente, no se trata de reinventarte por completo, sino de reconocerte, de darte permiso para explorar lo que aún no conoces de ti y de integrar lo que has sido con lo que todavía puedes ser.

La pregunta "¿quién soy?" no tiene una única respuesta, es una conversación que cambia con el tiempo, que se profundiza y se transforma y ahí está su valor: en que sigue viva, en que sigue abierta, en que sigue acompañándote.

Este capítulo no termina aquí, porque el verdadero proceso empieza cuando decides escucharte con más atención y avanzar con intención en aquello que descubras.

CAPÍTULO

# 2

# ¿QUIÉN SOY *emocionalmente?*

# Capítulo 2

## ¿Qué tanto conozco mis emociones?

### UNA MAÑANA CUALQUIERA

La mañana apenas despertaba en el pequeño apartamento de María, la luz tenue entraba filtrada por las cortinas, y en la mesa de la cocina humeaba una taza de café recién hecho, afuera, la ciudad seguía su ritmo acelerado, pero dentro de casa había un silencio distinto, un silencio que no era paz, sino una pesada presencia que llenaba el ambiente.

María se sentó lentamente y tomó la taza con ambas manos, como buscando sostenerse en algo tibio, llevaba semanas amaneciendo así, con un nudo en la garganta, una presión en el pecho y un cansancio que ningún examen médico lograba explicar, su cuerpo le hablaba, pero ella aún no sabía escucharlo.

Mientras revolvía el café, observaba cómo el remolino se formaba y se deshacía, igual que sus pensamientos, se preguntaba si algo estaba realmente mal o si simplemente había llegado a un punto en el que ya no tenía la misma fuerza de antes. Recordaba cómo antes podía con todo, cómo todo parecía más claro, más liviano, más manejable.

Ahora, en cambio, algo había cambiado, no era solo el cansancio, era una sensación más profunda, más difícil de nombrar, una tristeza silenciosa que se instalaba sin hacer ruido, acompañada de una angustia que apretaba el pecho y volvía más pesados los días.

En ese momento entró su hija a la cocina, le preguntó si había dormido bien, con esa mezcla de ternura y preocupación que solo los hijos logran transmitir, María intentó sonreír, pero sus palabras no lograron ocultar lo que sentía, dijo que estaba cansada, aunque en el fondo sabía que no era solo eso.

Su hija se acercó, le tomó la mano y le dijo algo simple, pero profundamente cierto: que algo le estaba pasando, que no era solo cansancio, y que si quería podían hablarlo.

María sintió crecer un nudo en la garganta, pero al mismo tiempo apareció un pequeño alivio, por primera vez en mucho tiempo, alguien estaba poniendo en palabras lo que ella no había logrado entender.

Y entonces comenzó a reconocer algo que había evitado durante mucho tiempo: que muchos de sus dolores no nacían en el cuerpo, sino en lo que sentía y no había expresado.

Cuando lo que sientes no tiene nombre

Hay momentos en la vida en los que algo dentro de nosotros cambia, pero no sabemos exactamente qué es, no es un dolor físico claro ni una situación concreta que podamos señalar, es más bien una sensación difusa, como si algo no encajara, como si estuviéramos viviendo en automático sin entender del todo lo que nos pasa.

Muchas veces lo llamamos cansancio. O estrés. O simplemente "una mala racha". Pero en el fondo sabemos que hay algo más profundo, algo que no hemos logrado nombrar.

Nos acostumbramos a seguir adelante, a cumplir, a responder, a sostener lo que siempre hemos sostenido; Aprendimos a ser fuertes, a no detenernos, a no darle demasiada importancia a lo que sentimos, y con el tiempo, esa forma de vivir se vuelve costumbre.

El problema es que lo que no se expresa, no desaparece.

Se queda. Se acumula. Se transforma.

A veces en tensión en el cuerpo, otras en insomnio, en irritabilidad, en una tristeza que aparece sin razón aparente, no es que no haya razón es que no la hemos escuchado.

El quiebre no siempre llega con un evento grande, no siempre hay una crisis evidente, muchas veces es silencioso, es ese momento en el que te das cuenta de que ya no te sientes como antes, de que algo perdió sentido o de que simplemente estás cansado de sentirte así sin entender por qué.

Y ahí aparece una dificultad que no nos enseñaron a manejar.

Sabemos pensar, pero no siempre sabemos sentir.

Podemos explicar lo que pasa afuera, pero no siempre comprendemos lo que ocurre dentro, nos volvemos expertos en resolver problemas, pero no en escuchar emociones.

Por eso, cuando algo interno se mueve, no sabemos qué hacer con ello, lo evitamos, lo minimizamos o lo llenamos de actividad para no enfrentarlo.

Sin embargo, llega un punto en el que ya no es posible seguir ignorándolo.

El cuerpo insiste, la mente se repite, la emoción busca salida.

Y entonces aparece una pregunta que puede incomodar, pero que abre una puerta importante:

¿Qué estoy sintiendo realmente?

No lo que debería sentir. No lo que otros esperan. Sino lo que está ocurriendo dentro de mí, aunque no tenga una explicación inmediata.

Ese es el verdadero inicio del proceso.

No cuando tienes respuestas, sino cuando te permites reconocer que no sabes lo que sientes, pero quieres empezar a entenderlo.

## CUANDO LO QUE SIENTES NO TIENE NOMBRE

Hay momentos en la vida en los que algo dentro de nosotros cambia, pero no sabemos exactamente qué es; no es un dolor físico claro ni una situación concreta que podamos señalar, es más bien una sensación difusa, como si algo no encajara, como si estuviéramos viviendo en automático sin entender del todo lo que nos pasa.

Muchas veces lo llamamos cansancio, o estrés, o simplemente "una mala racha". Pero en el fondo sabemos que hay algo más profundo, algo que no hemos logrado nombrar.

Nos acostumbramos a seguir adelante, a cumplir, a responder, a sostener lo que siempre hemos sostenido, aprendimos a ser fuertes, a no detenernos, a no darle demasiada importancia a lo que sentimos. Y con el tiempo, esa forma de vivir se vuelve costumbre.

El problema es que lo que no se expresa no desaparece.

Se queda. Se acumula. Se transforma.

A veces en tensión en el cuerpo, otras en insomnio, en irritabilidad, en una tristeza que aparece sin razón aparente, no es que no haya razón, es que no la hemos escuchado.

El quiebre no siempre llega con un evento grande, no siempre hay una crisis evidente, muchas veces es silencioso; es ese momento en el que te das cuenta de que ya no te sientes como antes, de que algo perdió sentido o de que simplemente estás cansado de sentirte así sin entender por qué.

Y ahí aparece una dificultad que no nos enseñaron a manejar.

Sabemos pensar, pero no siempre sabemos sentir.

Podemos explicar lo que pasa afuera, pero no siempre comprendemos lo que ocurre dentro. Nos volvemos expertos en resolver problemas, pero no en escuchar emociones.

Por eso, cuando algo interno se mueve, no sabemos qué hacer con ello. Lo evitamos, lo minimizamos o lo llenamos de actividad para no enfrentarlo.

Sin embargo, llega un punto en el que ya no es posible seguir ignorándolo.

El cuerpo insiste. La mente se repite. La emoción busca salida.

Y entonces aparece una pregunta que puede incomodar, pero que abre una puerta importante:

¿Qué estoy sintiendo realmente?

No lo que debería sentir. No lo que otros esperan. Sino lo que está ocurriendo dentro de mí, aunque no tenga una explicación inmediata.

Ese es el verdadero inicio del proceso.

No cuando tienes respuestas, sino cuando te permites reconocer que no sabes lo que sientes, pero quieres empezar a entenderlo.

## LAS EMOCIONES COMO SEÑALES

Las emociones no aparecen por casualidad. Llegan para decirnos algo, aunque muchas veces no sepamos escucharlas en el momento, algunas se presentan con fuerza, otras de manera silenciosa, pero todas traen información sobre lo que estamos viviendo por dentro.

Durante años podemos aprender a ocultarlas, disimularlas o incluso negarlas, decimos "no pasa nada", "ya se me pasará" o "no tengo tiempo para pensar en eso". Pero las emociones no desaparecen porque las ignoremos, solo buscan otra forma de hacerse notar.

A veces hablan a través del cuerpo, un pecho apretado, una espalda tensa, un cansancio que no se va, una respiración corta o una sensación de vacío pueden ser señales de algo que necesita atención; no siempre significan enfermedad, pero sí pueden ser una invitación a mirar con más cuidado lo que sentimos.

Por eso, el primer paso no es controlar las emociones, sino reconocerlas antes de corregirlas, conviene preguntarnos qué quieren mostrarnos; una emoción no es un enemigo interno, puede ser una brújula que señala una necesidad, una herida, un límite o un deseo que no hemos atendido.

El miedo, por ejemplo, puede estar protegiéndonos de un riesgo real, pero también puede estar mostrando una inseguridad antigua, la rabia puede aparecer cuando sentimos que algo importante ha sido vulnerado, la tristeza puede pedirnos detenernos, aceptar una pérdida o mirar algo que hemos evitado, la alegría, por su parte, nos recuerda lo que nos da vida y nos conecta con el deseo de seguir avanzando.

Cuando no entendemos nuestras emociones, reaccionamos, cuando empezamos a comprenderlas, podemos elegir mejor, esa diferencia parece pequeña, pero cambia profundamente la manera como nos relacionamos con nosotros mismos y con los demás.

Conocer nuestras emociones no significa vivir analizándonos todo el día, significa desarrollar una sensibilidad nueva, una capacidad de preguntarnos con honestidad qué está pasando dentro de nosotros antes de responder desde el impulso o desde la costumbre.

Tal vez una emoción se repite porque hay algo pendiente, tal vez una incomodidad insiste porque una parte de nosotros necesita ser escuchada, tal vez ese cansancio no habla solo de falta de descanso, sino de una vida emocional que lleva demasiado tiempo sin espacio.

Escuchar las emociones no nos hace débiles, nos vuelve más conscientes.

Y cuando una emoción logra ser nombrada, algo cambia. El cuerpo se alivia, la mente se ordena y la persona empieza a recuperar una sensación de dirección.

Porque lo que sentimos no viene a destruirnos. Viene a orientarnos.

## EL MAPA INTERIOR

Conocer nuestras emociones es como aprender a leer un mapa que siempre estuvo dentro de nosotros, a veces avanzamos por la vida sin mirarlo, guiados por la costumbre, por las exigencias externas o por la necesidad de resolver lo inmediato, pero llega un momento en que ese mapa empieza a pedir atención.

Cada emoción marca una ruta, la rabia puede señalar un límite que fue cruzado, el miedo puede mostrar algo con lo que nos sentimos amenazados, la tristeza puede indicar una pérdida que aún no hemos terminado de aceptar, la culpa puede advertirnos que actuamos en contra de algo que valoramos, y la alegría puede recordarnos dónde hay vida, conexión y sentido.

El problema no está en sentir, el problema aparece cuando no sabemos interpretar lo que sentimos, confundimos una emoción pasajera con una verdad absoluta, o convertimos un momento difícil en una definición permanente de quiénes somos.

Sentir tristeza no significa ser una persona triste, sentir miedo no significa ser débil, sentir rabia no significa ser agresivo, las emociones son señales, no sentencias; nos hablan de un momento, de una necesidad, de una interpretación, de algo que merece ser observado.

Por eso es tan importante ponerles nombre. No es lo mismo decir "me siento mal" que reconocer "me siento frustrado", "me siento solo", "me siento rechazado", "me siento agotado" o "me siento inseguro". Cada palabra abre una puerta distinta.

Cuando nombramos con más precisión lo que sentimos, dejamos de estar atrapados en una nube confusa, la emoción empieza a tomar forma y, al tomar forma, podemos comprenderla mejor y al comprenderla la podemos procesar con más facilidad; la claridad emocional no elimina el dolor, pero lo vuelve más manejable.

También nos permite relacionarnos de otra manera con los demás, muchas discusiones no nacen de lo que realmente sentimos, sino de no saber expresarlo, decimos rabia cuando en el fondo hay miedo, mostramos distancia cuando en realidad hay tristeza, reclamamos atención cuando lo que necesitamos es sentirnos valorados.

Aprender este mapa interior requiere práctica, no se logra en un día ni con una sola reflexión; se construye deteniéndonos, observando el cuerpo, escuchando los pensamientos y preguntándonos qué emoción está detrás de nuestra reacción.

Con el tiempo, esa práctica se convierte en una brújula, ya no vivimos solo reaccionando a lo que ocurre, empezamos a reconocer señales, a entender patrones y a elegir con más conciencia.

Ese es el valor de conocernos emocionalmente después de los 50. Ya hemos vivido lo suficiente para tener una historia rica en emociones, pero también tenemos la posibilidad de mirarla con más calma, más ternura y más sabiduría.

Porque cuando aprendemos a leer nuestro mapa interior, dejamos de perdernos tanto dentro de nosotros mismos.

## LA HUELLA EMOCIONAL

Cada persona tiene una historia emocional propia, no todos aprendimos a sentir de la misma manera, ni recibimos los mismos mensajes sobre lo que estaba permitido expresar, para algunos, llorar era señal de debilidad; para otros, enojarse era peligroso, para otros, callar fue la forma de sobrevivir o de evitar conflictos.

Sin darnos cuenta, esas primeras experiencias fueron creando una huella, aprendimos qué emociones mostrar, cuáles esconder y cuáles disfrazar; aprendimos a sonreír cuando dolía, a decir "no pasa nada" cuando sí pasaba, o a guardar silencio para no incomodar.

Esa huella emocional no desaparece solo porque pasan los años, a veces sigue presente en la manera como reaccionamos, en lo que evitamos decir, en lo que nos cuesta aceptar o en la forma como interpretamos las acciones de los demás.

Si de niño aprendiste que no debías quejarte, quizá hoy soportas más de lo necesario, si aprendiste que solo te escuchaban cuando levantabas la voz, tal vez hoy expresas tu malestar con más intensidad de la que quisieras, si creciste creyendo que sentir era un problema, puede que todavía te cueste permitirte la tristeza, el miedo o la vulnerabilidad.

Reconocer esa huella no significa culpar al pasado, significa comprender de dónde vienen ciertas respuestas y decidir si todavía quieres seguir viviendo desde ellas; la madurez nos da una posibilidad valiosa: mirar nuestra historia con más perspectiva y elegir qué conservar, qué transformar y qué soltar.

No somos prisioneros de lo que aprendimos, pero sí necesitamos hacerlo consciente para poder cambiarlo, muchas veces repetimos patrones emocionales simplemente porque nunca los habíamos cuestionado.

Por eso vale la pena preguntarse: ¿qué aprendí sobre mis emociones cuando era niño?, ¿qué emociones me permitieron mostrar?, ¿cuáles tuve que esconder?, ¿qué hago hoy cuando me siento herido, triste, asustado o enojado?

Responder estas preguntas puede abrir recuerdos, pero también puede abrir libertad. Porque cuando entendemos nuestra huella emocional, dejamos de reaccionar como si todo estuviera ocurriendo por primera vez.

Empezamos a reconocer que algunas emociones de hoy vienen cargadas con ecos de ayer y al verlas con más claridad, podemos tratarlas con más ternura.

La huella emocional no tiene que definir el resto de nuestra vida. Puede convertirse en una maestra. Puede mostrarnos lo que necesitamos cuidar, sanar, expresar o aprender.

Después de los 50, esta mirada se vuelve especialmente importante ya no se trata de cargar con todo en silencio, sino de comprendernos mejor para vivir con más liviandad.

Porque conocer nuestras emociones también es reconciliarnos con la historia que nos enseñó a sentir.

## CONOCER NO ES CONTROLAR

A veces creemos que madurez emocional significa no sentir demasiado, no alterarse, no llorar, no enojarse y mantener siempre una apariencia de calma. Como si las emociones fueran una amenaza que debemos dominar para demostrar fortaleza.

Pero conocer nuestras emociones no significa controlarlas a la fuerza, significa comprenderlas, escucharlas reconocer cuándo aparecen, qué las activa y qué intentan decirnos antes de que respondamos desde el impulso.

Una persona emocionalmente madura no es la que nunca siente rabia, tristeza, miedo o angustia, es la que aprende a detenerse un momento para observar lo que siente y decidir qué hacer con eso.

Sentir no es el problema, el problema es reaccionar sin conciencia o negar tanto lo que sentimos que el cuerpo termina hablando por nosotros.

Imagina tus emociones como olas del mar, no puedes impedir que lleguen, pero sí puedes aprender a reconocerlas, respirar y no dejar que te arrastren por completo, algunas olas son suaves; otras llegan con fuerza, pero todas pasan si aprendes a observarlas sin pelear contra ellas.

El miedo puede protegerte, la rabia puede mostrarte un límite, la tristeza puede ayudarte a aceptar una pérdida, la culpa puede invitarte a reparar algo, la alegría puede recordarte lo que te conecta con la vida; cada emoción tiene una función, aunque al principio no siempre sea evidente.

Por eso, la pregunta no es "¿cómo elimino lo que siento?", sino "¿qué me está queriendo decir esta emoción?". Esa diferencia cambia la relación con uno mismo.

Cuando intentamos controlar todo lo que sentimos, terminamos agotados, cuando aprendemos a comprenderlo, empezamos a vivir con más serenidad.

Conocer tus emociones es dejar de pelear con ellas, es permitirte sentir sin convertir cada emoción en una orden, una sentencia o una identidad.

Porque una emoción puede visitarte, pero no tiene que gobernarte. Y esa distinción, después de los 50, puede abrir una forma mucho más tranquila y sabia de vivir.

## EL CUERPO COMO RADAR

Antes de que podamos explicar una emoción, el cuerpo muchas veces ya la ha sentido, El corazón se acelera, la respiración cambia, los hombros se tensan, el estómago se cierra o aparece un cansancio difícil de explicar. El cuerpo suele hablar primero, aunque la mente tarde más en entender el mensaje.

Por eso, conocernos emocionalmente también implica aprender a escuchar las señales físicas, no para asustarnos ni para interpretar cualquier molestia como algo grave, sino para reconocer que cuerpo y emoción están profundamente conectados.

A veces decimos "me duele la espalda", "no dormí bien", "ando sin energía" o "siento presión en el pecho", pero no nos preguntamos qué emoción podría estar acompañando esa sensación, tal vez hay preocupación, tristeza, rabia contenida, miedo, soledad o simplemente una carga emocional acumulada durante demasiado tiempo.

El cuerpo no siempre grita; muchas veces susurra. Lo hace con pequeñas señales que ignoramos porque estamos ocupados, porque creemos que debemos aguantar o porque nos acostumbramos a vivir desconectados de nosotros mismos.

Escuchar el cuerpo no reemplaza el cuidado médico cuando algo preocupa o persiste, pero sí nos ayuda a comprender que algunas señales pueden estar relacionadas con emociones que no han encontrado palabras.

Un ejercicio sencillo consiste en detenerte varias veces al día y preguntarte: ¿dónde siento tensión en este momento?, ¿qué emoción podría estar relacionada con esa sensación?, ¿qué necesito ahora para recuperar un poco de equilibrio?

No se trata de encontrar una respuesta perfecta, se trata de volver a ti, de reconocer que tu cuerpo no es un enemigo, sino un mensajero.

Cuando aprendemos a escucharlo con respeto, empezamos a detectar antes aquello que antes solo notábamos cuando ya se había convertido en agotamiento, irritabilidad o tristeza profunda.

El cuerpo puede convertirse en un radar valioso. Nos avisa cuando algo nos pesa, cuando algo nos duele, cuando algo nos supera o cuando necesitamos pausa.

Y también nos avisa cuando estamos bien. Cuando sentimos ligereza, calma, entusiasmo o gratitud, el cuerpo también lo expresa.

Después de los 50, escuchar el cuerpo no es una señal de fragilidad, es una forma de sabiduría, es entender que el bienestar no se construye ignorando lo que sentimos, sino aprendiendo a leer las señales que la vida nos envía por dentro.

## INTELIGENCIA EMOCIONAL: MÁS QUE UN CONCEPTO

Hablar de inteligencia emocional no es hablar de una moda ni de una frase bonita para libros de desarrollo personal, es hablar de una capacidad profundamente humana: la posibilidad de reconocer lo que sentimos, comprenderlo y usar esa información para vivir mejor.

Durante mucho tiempo se pensó que ser inteligente era principalmente razonar bien, resolver problemas, memorizar datos o tomar decisiones lógicas, todo eso es valioso, por supuesto, pero la vida nos muestra que no basta con pensar bien si no sabemos qué hacer con lo que sentimos.

Podemos tener experiencia, conocimientos y habilidades, pero si no reconocemos nuestra rabia, nuestra tristeza, nuestro miedo o nuestra inseguridad, terminamos actuando desde impulsos que no comprendemos. A veces respondemos con dureza cuando en realidad estamos heridos, o nos alejamos cuando lo que necesitamos es hablar, o decimos "estoy bien" cuando por dentro algo pide ayuda.

La inteligencia emocional empieza con la autoconciencia, es decir, con la capacidad de detenernos y preguntarnos qué está pasando dentro de nosotros, no solo qué ocurrió afuera, sino qué despertó eso en mí, qué emoción apareció, qué necesidad quedó expuesta y qué puedo hacer con esa información.

Sin autoconciencia, las demás capacidades emocionales se vuelven difíciles, no puedo regular lo que no reconozco, no puedo comunicar con claridad lo que no entiendo, no puedo ser verdaderamente empático con los demás si vivo desconectado de mi propio mundo interior.

Conocerse emocionalmente no significa convertirse en una persona perfecta, siempre serena y equilibrada. Significa ser más honesto con uno mismo, significa reconocer que detrás de muchas reacciones hay emociones que merecen ser escuchadas antes de convertirse en palabras, decisiones o silencios difíciles de reparar.

Después de los 50, esta inteligencia puede volverse especialmente valiosa, ya hemos vivido relaciones, pérdidas, logros, decepciones, alegrías y cambios, tenemos suficiente historia para empezar a reconocer patrones y suficiente madurez para decidir si queremos seguir repitiéndolos.

La inteligencia emocional no elimina los problemas, pero cambia la forma de enfrentarlos. Nos permite pasar de la reacción automática a una respuesta más consciente. Nos ayuda a mirar nuestras emociones no como obstáculos, sino como información útil para comprendernos y relacionarnos mejor.

Y quizá ahí está su verdadero valor: nos permite vivir con menos defensa y más presencia. Con menos impulso y más elección. Con menos ruido interno y más claridad para saber qué necesitamos, qué sentimos y cómo queremos actuar.

## DE LA REACCIÓN A LA ELECCIÓN

Cuando no conocemos nuestras emociones, reaccionamos, cuando empezamos a conocerlas aparece una posibilidad distinta: elegir, la diferencia parece pequeña, pero puede transformar una conversación, una relación y hasta la manera como vivimos cada día.

Reaccionar es responder desde el impulso inmediato, es contestar con rabia antes de entender qué nos dolió, guardar silencio sin decir lo que necesitamos, alejarnos para no sentirnos vulnerables o aceptar algo que no queremos por miedo a incomodar.

Elegir, en cambio, exige una pausa, no una pausa larga ni complicada, sino un instante de conciencia entre lo que ocurre y lo que hacemos con eso, ese pequeño espacio nos permite respirar, observarnos y preguntarnos qué está pasando realmente dentro de nosotros.

Esa pausa no reprime la emoción, la escucha, no niega la rabia, la tristeza o el miedo, sino que evita que esas emociones decidan por nosotros antes de comprenderlas. Allí nace una forma más serena de actuar.

A veces basta con tomar aire antes de responder. O decir: "necesito pensarlo". O reconocer internamente: "esto me dolió más de lo que esperaba". Ese instante puede evitar palabras que lastiman, decisiones tomadas desde la angustia o silencios que luego pesan.

La verdadera libertad emocional no consiste en no sentir, sino en no quedar atrapados por lo primero que sentimos. Podemos sentir rabia y aun así hablar con respeto, podemos sentir miedo y aun así avanzar podemos sentir tristeza y aun así pedir compañía, podemos sentir culpa y aun así reparar sin destruirnos.

Cada vez que hacemos una pausa consciente, fortalecemos nuestra capacidad de elegir. Y cada elección consciente nos ayuda a construir una relación más madura con nosotros mismos y con los demás.

Después de los 50, esta capacidad se vuelve especialmente poderosa ya sabemos que no vale la pena ganar todas las discusiones, ni responder a todo de inmediato, ni cargar con emociones que podrían expresarse mejor, la experiencia nos enseña que muchas veces la serenidad vale más que la reacción.

Entre lo que sentimos y lo que hacemos con eso existe un espacio, en ese espacio podemos repetir la historia de siempre o empezar a escribir una distinta.

## EMOCIÓN, SENTIMIENTO Y ESTADO DE ÁNIMO

En la vida diaria usamos muchas veces las palabras emoción, sentimiento y estado de ánimo como si fueran lo mismo, decimos "estoy triste", "me siento mal" o "ando raro" sin detenernos a distinguir qué está ocurriendo realmente dentro de nosotros.

Pero entender esa diferencia ayuda mucho, nos permite no exagerar una reacción momentánea, no convertir un mal día en una condena y no confundir una emoción intensa con una forma permanente de ser.

La emoción es la primera respuesta aparece de manera rápida, casi automática, frente a algo que ocurre, puede ser miedo ante una noticia inesperada, rabia ante una injusticia, alegría al recibir una llamada querida o tristeza al recordar una pérdida. La emoción suele sentirse primero en el cuerpo.

El sentimiento aparece cuando tomamos conciencia de esa emoción y le damos significado, ya no es solo la reacción inicial, sino la interpretación que hacemos de ella. El miedo puede convertirse en preocupación, la alegría en gratitud, la rabia en indignación y la tristeza en nostalgia.

El estado de ánimo, en cambio, es más duradero, es como el clima interno que nos acompaña durante horas o días a veces sabemos de dónde viene; otras veces simplemente sentimos que estamos irritables, decaídos, tranquilos o entusiasmados sin identificar una causa clara.

Comprender esta diferencia nos ayuda a tratarnos con más justicia, no es lo mismo tener una emoción de rabia que ser una persona rabiosa, no es lo mismo sentir tristeza por algo puntual que estar condenado a vivir triste, no es lo mismo tener un día difícil que definir toda la vida desde ese día.

Las emociones son mensajeras, los sentimientos son interpretaciones, los estados de ánimo son climas internos que pueden cambiar con el descanso, la conversación, el movimiento, la compañía, la alimentación, el silencio o una decisión pendiente.

Cuando aprendemos a distinguirlos, ganamos claridad, podemos preguntarnos: ¿esto que siento es una reacción inmediata?, ¿es una interpretación que estoy alimentando?, ¿o es un estado que llevo cargando desde hace varios días?

Esa claridad no elimina lo que sentimos, pero nos ayuda a manejarlo mejor. Nos permite responder con más calma, pedir ayuda cuando hace falta y no confundir una nube pasajera con todo el cielo.

Después de los 50, aprender este lenguaje emocional es una forma de libertad, nos permite mirarnos con menos dureza y más comprensión, sabiendo que lo que sentimos importa, pero no siempre define quiénes somos.

## EMOCIONES RECURRENTES: ESPEJOS DEL ALMA

Cada persona tiene emociones que se repiten con más frecuencia, algunas viven acompañadas por la preocupación, otras por la culpa, otras por la irritabilidad, la tristeza, la nostalgia o el miedo, no siempre lo notamos, porque esos estados se vuelven tan familiares que terminamos creyendo que simplemente "somos así".

Pero una emoción que se repite merece atención, no para juzgarla, sino para preguntarnos qué quiere mostrarnos, a veces vuelve porque hay una situación no resuelta, una necesidad no expresada o una herida que todavía espera ser mirada con más calma.

La tristeza recurrente puede estar hablando de una pérdida que no hemos terminado de aceptar, o de una vida que necesita más sentido. La rabia frecuente puede mostrar límites que no hemos sabido poner. La culpa puede revelar decisiones pendientes, palabras no dichas o una exigencia excesiva con nosotros mismos. El miedo puede señalar una falta de confianza o una necesidad de sentirnos más seguros.

No se trata de convertir cada emoción en un problema, se trata de escuchar su repetición, cuando algo aparece una y otra vez, tal vez no está buscando incomodarnos, sino despertarnos.

Muchas veces decimos: "otra vez me pasa lo mismo", como si fuera una condena, pero podríamos hacer una pregunta distinta: "¿qué parte de mí todavía necesita comprensión?". Esa pregunta cambia el tono, nos saca del reproche y nos acerca al aprendizaje.

Las emociones recurrentes son como espejos, reflejan aspectos de nosotros que quizá no hemos querido mirar o que no hemos sabido atender. Algunas muestran miedos antiguos; otras, deseos postergados. Algunas revelan cansancio; otras, necesidad de afecto, reconocimiento o descanso.

Después de los 50, estas emociones pueden volverse más visibles porque la vida empieza a bajar el ruido externo. Hay más espacio para recordar, evaluar, comparar y preguntarse si lo vivido corresponde con lo que realmente queríamos. Eso puede incomodar, pero también puede abrir una oportunidad profunda.

Escuchar una emoción recurrente no significa obedecerla ciegamente. Significa sentarse frente a ella y preguntarle con honestidad qué viene a enseñar. A veces bastará nombrarla. Otras veces será necesario conversar, escribir, pedir ayuda o tomar una decisión concreta.

Lo importante es no seguir ignorando lo que insiste.

Porque aquello que se repite en nuestro mundo emocional suele estar señalando un aprendizaje pendiente. Y cuando logramos comprenderlo, la emoción deja de perseguirnos y empieza a guiarnos.

## FORTALECER LA AUTOCONCIENCIA EMOCIONAL

Fortalecer la autoconciencia emocional no significa vivir analizándonos todo el tiempo, significa aprender a escucharnos con más honestidad, reconocer nuestras señales internas y darnos cuenta, antes de reaccionar, de qué está ocurriendo dentro de nosotros.

Muchas veces decimos "estoy mal" sin ir un poco más allá, pero no es lo mismo sentirse frustrado que sentirse solo, decepcionado, asustado, culpable o agotado. Cada emoción tiene un matiz distinto, y cada matiz nos muestra una necesidad diferente.

Por eso, el primer ejercicio es poner nombre a lo que sentimos. Nombrar ordena, cuando una emoción tiene nombre, deja de ser una nube confusa y empieza a convertirse en una información que podemos comprender.

También ayuda escribir, no como tarea escolar, sino como conversación íntima, anotar qué sentiste, qué lo provocó, cómo reaccionaste y qué habrías necesitado en ese momento puede revelar patrones que antes pasaban inadvertidos.

Otro paso importante es observar sin juicio, no se trata de decir "esto está bien" o "esto está mal", sino de reconocer: "esto es lo que siento". Esa aceptación inicial no significa quedarse ahí; significa dejar de pelear contra la realidad interna para poder comprenderla mejor.

La respiración consciente también puede ser una herramienta sencilla y poderosa, cuando respiramos con calma, el cuerpo recibe el mensaje de que no todo es amenaza. La mente se aclara y aparece un pequeño espacio para responder con mayor serenidad.

A veces, además, necesitamos escuchar cómo nos ven otros. Una persona cercana, con cariño y respeto, puede ayudarnos a reconocer reacciones que nosotros no notamos. No para depender de su opinión, sino para ampliar nuestra mirada.

La autoconciencia emocional se cultiva con pequeñas prácticas repetidas, preguntarnos cómo estamos, qué sentimos, qué necesitamos y qué estamos evitando puede parecer simple, pero con el tiempo cambia la relación con nosotros mismos.

Después de los 50, este trabajo tiene un valor especial, ya conocemos muchas de nuestras historias, pero quizá no siempre las hemos mirado desde las emociones que las acompañaron, volver a ellas con más calma puede ayudarnos a entender por qué reaccionamos como reaccionamos y qué podemos hacer diferente.

Conocerse emocionalmente no es controlar la vida, es dejar de vivir a ciegas dentro de uno mismo. Es encender una luz pequeña, pero suficiente, para caminar con más claridad.

Porque quien aprende a reconocer lo que siente, empieza también a recuperar la libertad de elegir cómo vivirlo.

## LA EMPATÍA HACIA UNO MISMO

Solemos hablar de empatía como la capacidad de comprender a los demás, de ponernos en su lugar y acompañar lo que sienten, pero pocas veces pensamos que esa misma comprensión también necesitamos dirigirla hacia nosotros mismos.

A veces somos más duros con nuestra propia historia que con la de cualquier otra persona, perdonamos errores ajenos, entendemos cansancios de otros, acompañamos tristezas que no son nuestras, pero cuando se trata de nosotros, aparece una voz interior exigente, impaciente y poco compasiva.

Nos decimos que deberíamos haber sido más fuertes, que no deberíamos sentirnos así, que ya deberíamos haber superado ciertas cosas, sin darnos cuenta, convertimos nuestras emociones en motivo de juicio, cuando en realidad muchas de ellas solo necesitan ser escuchadas con ternura.

La autoempatía no es lástima ni autocomplacencia, es humanidad, es reconocer que también tenemos derecho a cansarnos, a equivocarnos, a sentir miedo, tristeza, rabia o confusión sin que eso nos quite valor.

Mirarnos con empatía significa hablarnos como le hablaríamos a alguien que amamos. No para justificarlo todo, sino para crear un espacio interior donde sea posible comprender, reparar y seguir adelante.

Cuando dejamos de castigarnos por sentir, empezamos a sanar. Porque ninguna emoción mejora con desprecio. Ninguna herida se cierra a punta de reproche. Ningún corazón encuentra paz si vive siendo tratado como enemigo.

Después de los 50, esta mirada se vuelve especialmente necesaria. Cargamos decisiones, pérdidas, culpas, silencios y momentos que quizá todavía nos pesan. Pero también cargamos aprendizajes, esfuerzos, valentía y una historia que merece ser vista con más justicia.

Ser empático contigo mismo es reconocer que hiciste lo que pudiste con las herramientas que tenías en ese momento. Y que hoy, con más conciencia, puedes elegir hacerlo distinto.

No se trata de negar tus errores. Se trata de no reducirte a ellos.

Porque cuando aprendes a mirarte con comprensión, tu mundo emocional deja de ser un campo de batalla y empieza a convertirse en un lugar habitable.

## EL PERDÓN EMOCIONAL

Muchas emociones que cargamos durante años nacen de heridas no resueltas. A veces creemos que ya pasaron, que quedaron atrás, que el tiempo las borró. Pero ciertas palabras, ciertos recuerdos o silencios nos muestran que algo sigue vivo por dentro.

Perdonar emocionalmente no significa justificar lo ocurrido ni negar el daño recibido. Tampoco significa olvidar a la fuerza o actuar como si nada hubiera pasado. Significa dejar de cargar todos los días con un peso que ya no queremos llevar de la misma manera.

Hay resentimientos que nos atan a personas, momentos o decisiones antiguas. Y también hay resentimientos hacia nosotros mismos: por lo que hicimos, por lo que no dijimos, por lo que permitimos, por lo que no supimos defender o por aquello que hoy habríamos querido hacer distinto.

Después de los 50, el perdón adquiere una profundidad especial. No porque todo sea fácil de soltar, sino porque uno empieza a comprender que la paz vale más que seguir discutiendo internamente con el pasado.

Perdonar no borra la historia, pero cambia la forma en que la llevamos dentro. Nos permite mirar lo ocurrido con más distancia, menos rabia y más aprendizaje, nos ayuda a dejar de vivir atrapados en una escena que ya no podemos modificar.

A veces el perdón empieza con una frase sencilla: "Esto me dolió, pero no quiero que siga gobernando mi vida". Otras veces empieza reconociendo: "Hice lo que pude con lo que sabía en ese momento". No son frases mágicas, pero abren una puerta.

También es importante entender que el perdón no siempre ocurre de inmediato. Puede ser un proceso lento, con avances y retrocesos. Hay heridas que necesitan tiempo, conversación, reflexión o ayuda profesional para poder transformarse.

Lo esencial es no confundir perdonar con volver a exponerse al daño. Perdonar puede traer paz interior y, al mismo tiempo, permitirnos poner límites claros. Soltar una carga no significa entregar de nuevo el corazón sin cuidado.

El perdón emocional es una forma de libertad. Nos permite recuperar energía que antes estaba atrapada en el resentimiento, en la culpa o en la repetición constante de lo que ya no puede cambiarse.

Y cuando logramos avanzar un poco más livianos, aparece algo nuevo: espacio para vivir el presente con menos ruido, menos dureza y más serenidad.

## PREGUNTAS PARA EVALUAR TU ESTILO EMOCIONAL

Al final de este recorrido, vale la pena detenerse un momento. No para calificarse ni para buscar respuestas perfectas, sino para mirar hacia adentro con más honestidad. Las emociones no se conocen desde la teoría únicamente; se conocen cuando nos atrevemos a observar cómo aparecen en nuestra propia vida.

Estas preguntas son una invitación a escribir, no solo a pensar. Cuando escribimos, la emoción baja de la cabeza al papel y empieza a tomar forma. A veces descubrimos cosas que ya sabíamos, pero que nunca habíamos dicho con claridad.

Puedes responderlas con calma, en un cuaderno o en una hoja aparte. No hay respuestas buenas o malas. Hay respuestas verdaderas, y esas son las que más importan.

¿Qué emociones reconozco con mayor facilidad en mí?

¿Cuáles me cuesta aceptar, mostrar o expresar?

¿Cómo reacciona mi cuerpo cuando estoy bajo tensión, tristeza, miedo o rabia?

¿Qué aprendí sobre las emociones en mi infancia?

¿Qué emociones se repiten con más frecuencia en mi vida?

¿Cómo manejo la tristeza, la rabia, el miedo, la culpa o la soledad?

¿Qué me cuesta decir cuando estoy emocionalmente afectado?

¿Qué necesito aprender para vivir con más serenidad emocional?

Responder estas preguntas puede ser un acto de valentía. Tal vez algunas respuestas aparezcan rápido y otras necesiten más tiempo. Lo importante no es terminar el ejercicio, sino permitir que abra una conversación más honesta contigo mismo.

Conocerte emocionalmente no significa entenderlo todo de inmediato. Significa empezar a escuchar lo que durante mucho tiempo pudo haber estado esperando una oportunidad para ser reconocido.

## CIERRE: EL ARTE DE SENTIR

Sentir es una de las experiencias más humanas que existen, no se aprende en una universidad, no se mide con diplomas y no siempre se puede explicar con palabras exactas, pero define buena parte de la calidad de nuestra vida. Lo que sentimos influye en cómo recordamos, cómo decidimos, cómo amamos, cómo perdonamos y cómo nos relacionamos con nosotros mismos.

Durante años tal vez intentamos ser fuertes confundiendo fortaleza con silencio. Quizá aprendimos a guardar lo que dolía, a disimular la rabia, a esconder el miedo o a sonreír cuando por dentro había cansancio. Pero llega un momento en la vida en el que ya no se trata de aparentar equilibrio, sino de construirlo desde adentro.

Conocerse emocionalmente no significa vivir sin tristeza, sin miedo o sin contradicciones. Significa reconocer lo que sentimos antes de que se convierta en peso, distancia o enfermedad interior. Significa mirar nuestras emociones con más respeto y entender que cada una trae un mensaje que merece ser escuchado.

Las emociones no son enemigas de la razón, son compañeras del pensamiento, señales del cuerpo y del alma que nos ayudan a entender qué necesitamos, qué nos duele, qué nos importa y qué todavía nos mueve. Cuando aprendemos a escucharlas, dejamos de vivir peleando contra nosotros mismos.

Después de los 50, este aprendizaje se vuelve especialmente valioso. Ya no necesitamos demostrar tanto. Podemos permitirnos sentir con más honestidad, hablar con más claridad, pedir ayuda cuando hace falta y soltar cargas que durante años parecían inevitables.

El arte de sentir no consiste en dejarse llevar por todo lo que aparece, sino en aprender a habitar lo que sentimos con conciencia. Es respirar antes de responder, poner nombre a lo que ocurre, tratarse con ternura y elegir desde un lugar más sereno.

Este capítulo no pretende cerrar tu mundo emocional con respuestas definitivas. Al contrario, busca abrir una conversación más profunda contigo mismo. Una conversación donde puedas preguntarte qué sientes, qué callas, qué necesitas y qué deseas transformar para vivir con más paz.

Porque cuando aprendes a sentir con claridad, cada emoción puede convertirse en maestra. Y cuando tus emociones dejan de ser una carga incomprendida, empiezan a ser parte del camino hacia una vida más auténtica, más liviana y tuya.

Notas para recordar

CAPÍTULO

# 3

# ¿EN QUÉ ERES *realmente bueno?*

# Capítulo 3

## ¿En qué soy realmente bueno?

### ANTES DE PREGUNTARTE EN QUÉ ERES BUENO

Antes de preguntarte en qué eres realmente bueno, vale la pena detenerte un momento, esta pregunta parece sencilla, pero no lo es. Muchas veces respondemos desde lo que hemos hecho, desde lo que otros han valorado en nosotros o desde aquello que aprendimos a hacer por necesidad, no necesariamente desde lo que nace de nuestra esencia.

Este capítulo no empieza de cero, se apoya en las dos preguntas anteriores: quién eres y qué tanto conoces tus emociones, si esas respuestas todavía no están completamente claras, no pasa nada. Conocerse no es llenar un formulario ni llegar rápido a una conclusión es un proceso que se va aclarando con cada recuerdo, cada pregunta y cada nueva mirada sobre la propia historia.

Reconocer en qué eres bueno requiere algo más profundo que hacer una lista de habilidades requiere mirar tu vida con honestidad y distinguir entre lo que aprendiste a hacer porque tocaba y aquello que siempre te fluyó de manera natural, a veces ambas cosas coinciden, pero muchas veces no.

Durante años pudiste haber sido eficiente, responsable, cumplidor y respetado en un campo determinado, sin que eso significara necesariamente que allí estaba tu mayor afinidad, pudiste haber hecho bien lo que la vida, la familia, la economía o las circunstancias te pidieron, eso también tiene valor, pero este capítulo quiere invitarte a mirar un poco más adentro.

Porque una cosa es ser capaz de hacer algo, y otra muy distinta es sentir que eso expresa algo verdadero de ti, una cosa es cumplir con un rol, y otra es reconocer esa actividad que te da energía, que despierta tu atención y que te hace sentir presente.

Para descubrir tus talentos naturales, primero necesitas darte permiso de mirar sin culpa, sin compararte, sin preguntarte si todavía "sirve" o si ya es tarde. Lo importante, por ahora, no es decidir qué vas a hacer con eso, sino reconocer qué ha estado contigo desde siempre.

Tal vez descubras que algunas habilidades tuyas fueron tan naturales que nunca las viste como talento, quizá otros las notaban, pero tú las minimizabas porque te parecían fáciles, y precisamente ahí puede haber una pista importante: muchas veces aquello que hacemos con naturalidad es tan propio de nosotros que no alcanzamos a valorarlo.

Por eso, antes de avanzar, la invitación es sencilla: no te preguntes todavía qué deberías hacer. Pregúntate quién eres cuando nadie te está exigiendo resultados, qué actividades te hacen sentir vivo y qué rasgos tuyos permanecen incluso cuando los aplausos, los títulos y las obligaciones quedan en silencio.

Desde ese lugar más honesto, la pregunta por los talentos naturales empieza a tener sentido. Ya no se trata de descubrir en qué eres mejor que otros, sino de reconocer aquello que expresa mejor quién has sido siempre.

## UNA HISTORIA QUE LO ILUMINA

Imagina a una hija adulta, ya con su propia vida, sus responsabilidades, su familia, su trabajo y su manera particular de habitar el mundo. Cada vez que su madre la visita, aparece una escena conocida: una observación sobre el desorden, una crítica sobre la forma de organizar la casa, una comparación silenciosa entre lo que la madre esperaba y lo que la hija realmente es.

Durante años, esas palabras la herían, no solo porque hablaran de camisas, libros o espacios mal organizados, sino porque tocaban algo más profundo: la sensación de no ser suficiente, cada comentario despertaba culpa, rabia y tristeza, la hacía sentir que, de alguna manera, seguía fallando.

Pero algo cambia cuando una persona empieza a conocerse, ya no escucha cada frase como una sentencia, ya no responde solamente desde la herida, Ya no necesita defenderse con rabia ni quedarse callada para evitar conflicto.

Ese día, en lugar de alterarse, respira. Mira a su madre con cariño y le dice que valora lo que le enseñó, que agradece su esfuerzo, pero que también necesita ser vista como una persona distinta. No como una extensión de ella, no como una copia incompleta, no como alguien que debe repetir exactamente su manera de vivir.

Le explica que lo que para su madre es orden, para ella puede ser funcionalidad. Que no se trata de quién tiene la razón, sino de comprender que cada persona organiza su vida desde su propia forma de ser. Y entonces aparece una frase sencilla, pero profundamente liberadora: "Tengo cosas tuyas, sí, pero no soy tú".

Por primera vez, la conversación no termina en discusión. No porque la madre haya cambiado de inmediato, sino porque la hija respondió desde otro lugar. Ya no buscó aprobación. Ya no intentó demostrar que estaba bien. Ya no se sintió obligada a ser quien otros esperaban.

Esa escena ilumina el sentido de este capítulo. Porque reconocer en qué eres realmente bueno exige primero dejar de mirarte desde los ojos de los demás. Mientras sigas midiéndote con expectativas ajenas, será difícil distinguir tus talentos reales de las exigencias que heredaste.

A veces creemos que ser buenos en algo significa cumplir con lo que otros valoran. Ser ordenados porque así nos enseñaron. Ser exitosos según la definición familiar. Ser prácticos, productivos, responsables o visibles porque eso era lo esperado. Pero puede ocurrir que, en medio de todo eso, hayamos dejado por fuera habilidades profundas que no encajaban con el molde.

Conocerse permite recuperar la mirada propia. Permite decir: esto sí tiene que ver conmigo, esto lo aprendí por obligación, esto lo hago bien, pero me agota, esto en cambio me da vida. Esa diferencia es esencial.

Porque no se trata solo de descubrir talentos. Se trata de descubrirlos sin culpa, sin pedir permiso y sin tener que convertirlos en una copia de lo que otros imaginaron para nosotros.

## PODER SILENCIOSO DEL AUTOCONOCIMIENTO

Conocerse no siempre produce grandes declaraciones. Muchas veces empieza de manera silenciosa, casi imperceptible, en la forma como dejamos de reaccionar igual ante las mismas situaciones, algo que antes nos hería profundamente empieza a ser observado con más distancia, algo que antes nos hacía sentir insuficientes comienza a perder fuerza.

Ese es uno de los poderes más grandes del autoconocimiento: nos devuelve a nuestro propio centro. Ya no vivimos únicamente desde la mirada de los demás, ni desde las comparaciones que nos acompañaron durante años. Empezamos a reconocer que ser diferentes no significa estar equivocados.

Durante la infancia y la juventud muchas personas crecieron oyendo frases que, aunque parecían pequeñas, fueron dejando marca: "¿por qué no eres como tu hermano?", "deberías ser más aplicado", "deberías hablar más", "deberías ser más tranquilo", "deberías pensar como los demás". Con el tiempo, esas frases se convierten en medidas internas con las que intentamos evaluarnos.

En la vida adulta aparecen otras comparaciones. Deberías ser más productivo, más exitoso, más moderno, más sociable, más fuerte, más organizado. Siempre hay una nueva exigencia esperando decirnos que todavía no somos suficientes.

Pero cuando uno empieza a conocerse, esas voces ya no mandan igual. Siguen existiendo, pero pierden autoridad. Uno aprende a preguntarse si esa expectativa realmente le pertenece o si simplemente fue recibida, repetida y aceptada sin revisar.

Ahí empieza una libertad profunda. La libertad de admirar a otros sin querer ser ellos. La libertad de reconocer talentos ajenos sin negar los propios. La libertad de decir con serenidad: "eso puede ser valioso para ti, pero no necesariamente es mi camino".

Este capítulo nace justamente de esa libertad. Porque para descubrir en qué eres realmente bueno, necesitas dejar de compararte con lo que otros hacen bien. Tu talento no tiene que parecerse al de tu hermano, al de tu pareja, al de tus padres, al de tus hijos ni al de tus antiguos compañeros de trabajo.

Hay personas que organizan con facilidad, otras comunican, otras cuidan, otras crean, otras resuelven, otras observan lo que nadie ve, otras sostienen grupos, enseñan, reparan, imaginan, conectan o anticipan. Cada una expresa una forma distinta de valor.

El autoconocimiento permite empezar a respetar esa diferencia, ya no se trata de preguntarte por qué no eres como alguien más, sino de reconocer que aparece en ti con naturalidad, qué te ha acompañado desde siempre y qué parte de tu historia tal vez merece ser mirada con más gratitud.

Porque cuando dejas de medirte con la regla de otros, empiezas a descubrir tu propia forma de ser útil, creativo, amoroso, inteligente y valioso. Ahí, en silencio, comienza a aparecer la respuesta a la pregunta de este capítulo.

## ¿EN QUÉ SOY REALMENTE BUENO?

A muchas personas nunca les hicieron esta pregunta con verdadera atención, les preguntaron qué iban a estudiar, en qué iban a trabajar, cómo iban a ganarse la vida o qué camino parecía más seguro, pero pocas veces alguien se sentó frente a ellas y les preguntó, con calma y sin presión: ¿en qué eres realmente bueno?

Esa diferencia parece pequeña, pero cambia mucho, una cosa es escoger una profesión, asumir un cargo o cumplir una responsabilidad, y otra muy distinta es reconocer las habilidades que nacen de una facilidad natural, de una forma propia de mirar, sentir y actuar en el mundo.

Durante años podemos confundir lo que hacemos bien con aquello para lo que tenemos verdadera afinidad. Podemos ser eficientes en una tarea, responsables en un oficio, reconocidos en una profesión, y aun así sentir que una parte de nosotros quedó por fuera.

Eso no significa que lo vivido haya sido un error, al contrario, todo camino deja aprendizajes, la vida nos enseña a adaptarnos, a responder, a sostenernos y a cumplir. Muchas veces hicimos lo que era necesario, lo que era posible o lo que parecía correcto en ese momento.

Pero ahora la pregunta puede hacerse de otra manera.

No se trata solo de revisar qué sabes hacer, se trata de observar qué actividades te dan energía, qué cosas te fluyen sin esfuerzo, qué tipo de situaciones despiertan tu atención y en qué momentos sientes que algo tuyo aparece con autenticidad.

Tal vez eres bueno escuchando, organizando, explicando, resolviendo, creando, acompañando, enseñando, conectando personas, anticipando problemas o viendo posibilidades donde otros solo ven obstáculos tal vez eso que para ti parecía normal era, en realidad, una fortaleza.

Muchas veces no reconocemos nuestros talentos porque nos resultan demasiado naturales, como no nos cuestan tanto, creemos que no tienen mérito, pensamos que, si algo fluye, entonces no vale tanto, pero precisamente ahí puede estar una de las pistas más importantes.

Lo que haces con naturalidad también merece ser honrado.

La pregunta "¿en qué soy realmente bueno?", no busca inflar el ego ni compararte con nadie, busca ayudarte a reconocer tu manera propia de aportar, de crear valor, de sentirte útil y vivo, busca que puedas mirar tu historia y descubrir esas capacidades que siempre estuvieron ahí, aunque no siempre recibieran aplausos.

Después de los 50, esta pregunta puede abrir una nueva etapa, no porque tengas que cambiarlo todo, sino porque puedes empezar a vivir con mayor coherencia entre lo que sabes hacer, lo que disfrutas y lo que realmente tiene sentido para ti.

Y quizá, al responderla con honestidad, descubras que algunos talentos no nacen ahora. Simplemente estaban esperando que por fin les dieras un lugar.

## LA HISTORIA DE TOMÁS

Tomás pintaba desde niño, pintaba en cuadernos, servilletas, piedras, cajas viejas y en cualquier papel que encontrara a su alcance, no lo hacía por obligación ni por disciplina, lo hacía porque algo dentro de él parecía respirar mejor cuando aparecían los colores.

Para Tomás, el mundo tenía más sentido cuando podía convertirlo en formas, sombras y matices, nada lo hacía sentir tan vivo como ver cómo una mancha azul encontraba su lugar junto a un amarillo suave, o cómo un trazo rojo podía encender una tarde entera.

Pero Tomás nació en una familia de abogados, su abuelo, sus tíos y su padre habían vivido entre códigos, demandas, argumentos y bufetes respetables, en esa casa, pintar era visto como un pasatiempo hermoso, pero el derecho era considerado un destino serio.

"El arte es lindo, pero no da de comer", escuchó más de una vez, y así, casi sin darse cuenta, Tomás fue guardando sus lápices en una caja y aprendió a sostener libros de derecho, no porque dejara de amar la pintura, sino porque entendió que, para ser aceptado, debía caminar por otro sendero.

Estudió con disciplina, fue buen alumno, responsable, ordenado y correcto, con los años se convirtió en un abogado respetado, sus clientes confiaban en él, sus colegas admiraban su claridad y su familia se sentía orgullosa de haberlo visto continuar la tradición.

Pero en sus ojos no brillaba el mismo fuego que brillaba cuando era niño, eran ojos que cumplían, no ojos que soñaban.

Durante décadas, Tomás resolvió casos, organizó documentos, interpretó leyes y respondió a lo que otros esperaban de él. A veces, al final del día, pasaba frente a una papelería y se detenía unos segundos ante los estantes de acuarelas. Casi siempre seguía de largo.

Había aprendido a vivir con un vacío discreto, con ese silencio profundo que solo conocen quienes se alejaron de una parte esencial de sí mismos.

Un día, un dolor en el pecho lo llevó a la clínica, los médicos hablaron de tensión alta, estrés acumulado y señales que no convenía ignorar, poco tiempo después, tuvo que jubilarse antes de lo previsto, para muchos fue una pérdida, para él, aunque todavía no lo sabía, fue una puerta.

Cuando dejó el bufete, varios clientes insistieron en que siguiera asesorándolos unas horas a la semana. Se lo pedían con cariño, convencidos de que su vida seguía girando alrededor de las leyes. Pero Tomás hizo algo inesperado: donó sus libros de derecho, no los guardó, no los dejó en cajas para volver algún día, los entregó como quien necesita liberar espacio para respirar.

Semanas después, mientras caminaba sin prisa por primera vez en muchos años, se encontró con un antiguo compañero del colegio, tomaron café y, casi al comienzo de la conversación, su amigo le preguntó con naturalidad:

—¿Y sigues pintando?

Tomás se rió con cierta incomodidad.

—No, eso lo dejé hace muchos años.

El amigo lo miró sorprendido.

—¿Cómo así que lo dejaste? Si alguien tenía talento natural en el curso eras tú. Todos hablábamos de eso, pintabas lo que ninguno de nosotros podía imaginar.

La frase cayó en el corazón de Tomás como una luz inesperada, no lo hirió, pero iluminó algo que llevaba demasiado tiempo en penumbra.

Ese mismo día compró un caballete viejo y algunos pinceles, los llevó a su estudio, una habitación antes ocupada por carpetas, libros y documentos, En pocos días, el lugar cambió por completo, donde antes había códigos, aparecieron acuarelas, donde antes reinaba la rigidez, empezó a entrar la luz.

Con algo de vergüenza y mucha ilusión, se inscribió en un curso de pintura, llegó a la primera clase temblando, no de miedo, sino de emoción contenida durante décadas. El maestro lo observó pintar en silencio y, después de unos minutos, le preguntó cuánto tiempo llevaba haciéndolo así.

Tomás respondió con una frase que parecía resumir toda su vida:

—Toda la vida... pero sin saberlo.

El maestro lo ayudó a pulir la técnica, pero no tuvo que inventar el talento, ese talento ya estaba ahí, había esperado durante años, escondido bajo capas de deber, responsabilidad y obediencia.

Tiempo después, Tomás expuso algunas de sus obras, la galería se llenó de personas que se detenían frente a sus cuadros con emoción, algunos antiguos colegas lo miraban asombrados y le decían que parecía otro hombre, y tal vez lo era, O quizá, por fin, estaba volviendo a ser el mismo.

Lo más sorprendente ocurrió en una visita al cardiólogo. Los exámenes habían mejorado, su tensión estaba estable y su rostro tenía una vitalidad nueva. El médico le preguntó qué había hecho.

Tomás sonrió y respondió:

—Volví a pintar.

Tomás no se convirtió en pintor a los setenta, Tomás volvió a encontrarse con una parte de sí mismo que siempre había estado viva.

Porque algunos talentos no mueren. Solo esperan el momento en que la vida se calme, el ruido baje y el alma pueda decir, por fin: ahora sí.

## LO QUE DEJAMOS GUARDADO

La historia de Tomás no habla solamente de pintura, habla de todas esas partes de nosotros que, en algún momento, aprendimos a guardar para poder cumplir con lo que la vida nos pedía. A veces no las guardamos por falta de amor hacia ellas, sino porque había urgencias, responsabilidades, expectativas familiares o caminos que parecían más seguros.

Muchas personas han vivido algo similar. Tal vez no dejaron pinceles en una caja, pero dejaron una voz, una habilidad, una sensibilidad, una curiosidad o una forma propia de ver el mundo, aprendieron a hacer bien lo necesario, pero dejaron en silencio aquello que les daba una energía distinta.

Eso no significa que la vida haya sido equivocada. Ser competente en algo, sostener una familia, cumplir un trabajo, responder con responsabilidad y construir una trayectoria tiene enorme valor, el punto no es negar lo vivido, sino mirar con honestidad qué parte de uno mismo quedó esperando espacio.

A veces confundimos competencia con afinidad. Podemos aprender a hacer algo bien porque lo repetimos durante años, porque fuimos disciplinados o porque las circunstancias nos llevaron por ese camino. Pero la afinidad natural se siente diferente. No solo produce resultados; también produce conexión interior.

Lo que dejamos guardado suele aparecer en pequeños gestos. En aquello que seguimos mirando con interés, aunque no lo practiquemos. En los temas que nos despiertan curiosidad. En las conversaciones que nos iluminan. En las actividades que, aun después de mucho tiempo, vuelven a nosotros con una extraña familiaridad.

A veces también aparece a través de lo que otros recuerdan de nosotros. Alguien dice: "tú siempre explicabas muy bien", "tú eras el que organizaba todo", "tú tenías una sensibilidad especial", "tú arreglabas cualquier cosa", "tú sabías escuchar". Y de pronto algo se mueve por dentro, como si alguien encendiera una luz en una habitación cerrada.

Después de los 50, esta revisión puede ser profundamente valiosa, ya no se trata de demostrarle nada a nadie, sino de preguntarnos qué merece volver a tener lugar, no necesariamente para convertirlo en profesión, negocio o proyecto, a veces basta con permitir que esa parte vuelva a respirar.

Lo que dejamos guardado no siempre reclama cambios enormes. a veces pide una hora a la semana, una conversación, una clase, una libreta nueva, una herramienta, un espacio en la casa o simplemente el permiso de existir sin culpa.

Reconocerlo es un acto de reconciliación, es decirle a esa parte de nosotros: no te olvidé del todo. Tal vez no pude atenderte antes, pero ahora puedo escucharte mejor.

Porque algunos talentos, algunas pasiones y algunas formas de ser no desaparecen con el tiempo. Solo esperan que dejemos de tratarlas como caprichos y empecemos a verlas como señales profundas de quienes somos.

## TALENTO, FORMACIÓN Y ACTITUD

Reconocer un talento natural es importante, pero no basta con descubrir que algo nos fluye. Un talento puede ser una semilla poderosa, pero necesita cuidado, práctica y dirección para convertirse en una verdadera competencia.

Podemos decirlo de una manera sencilla: una competencia nace cuando se unen tres elementos. Primero, el talento natural, aquello que parece venir contigo y que realizas con cierta facilidad. Segundo, el conocimiento o la formación, es decir, lo que aprendes, estudias, prácticas y perfeccionas. Y tercero, la actitud, esa disposición interna que te permite avanzar con constancia, humildad y entusiasmo.

El talento natural es el punto de partida. Es eso que otros notan en ti incluso cuando tú no lo ves como algo especial. Puede ser explicar con claridad, resolver problemas, crear belleza, cuidar personas, organizar situaciones, enseñar, negociar, imaginar, reparar, escribir, cocinar o escuchar con profundidad.

Pero el talento, por sí solo, puede quedarse corto si no se cultiva. Quien tiene facilidad para comunicar puede mejorar mucho al aprender técnicas de expresión. Quien tiene sensibilidad artística puede crecer al estudiar color, composición o materiales. Quien tiene capacidad para acompañar a otros puede fortalecerla aprendiendo sobre emociones, límites y escucha.

La formación no reemplaza el talento; lo pule, le da lenguaje, técnica, estructura y posibilidades, muchas veces creemos que estudiar algo le quita espontaneidad, pero cuando la formación es bien entendida, no apaga la esencia, al contrario, le permite expresarse con más fuerza.

La actitud es el tercer elemento, y quizá el más silencioso. Puedes tener talento y acceso al conocimiento, pero si no hay disposición para practicar, recibir correcciones, insistir y empezar de nuevo, difícilmente ese talento se convertirá en algo sólido.

Después de los 50, esta idea tiene una belleza especial, no se trata de demostrar que todavía puedes competir con nadie, se trata de permitir que lo tuyo crezca con más conciencia, tal vez ya no buscas una carrera larga en ese campo, pero sí una forma más plena de vivirlo.

Puedes aprender una técnica nueva, tomar un curso, pedir orientación, practicar con calma o rodearte de personas que sepan más que tú. Nada de eso disminuye tu experiencia; la expande.

La competencia verdadera aparece cuando lo que eres, lo que aprendes y la forma como te comprometes empiezan a caminar juntos. Entonces el talento deja de ser solo una posibilidad y se convierte en una expresión concreta de tu vida.

Por eso, al preguntarte en qué eres realmente bueno, no te quedes solo en lo que te sale fácil. Pregúntate también qué estarías dispuesto a aprender, qué podrías practicar con gusto y qué actitud necesitas cultivar para darle forma a ese talento que quizá ha esperado mucho tiempo.

Porque un talento descubierto es una puerta. Pero un talento cultivado puede convertirse en camino.

## EL ERROR DE CREER QUE EL TALENTO BASTA

Muchas veces pensamos que, si alguien tiene talento, todo debería fluir sin esfuerzo. Creemos que quien nació con facilidad para algo no necesita practicar, estudiar, corregirse ni insistir. Pero esa idea puede ser engañosa.

El talento abre una puerta, pero no recorre el camino por nosotros. Puede darnos una ventaja inicial, una inclinación natural, una manera más fácil de conectar con cierta actividad, pero si no se cultiva, puede quedarse dormido, disperso o incompleto.

También ocurre lo contrario. Una persona puede tener mucha disciplina, estudiar durante años y hacer las cosas de manera correcta, pero si no existe una conexión interior con lo que hace, tarde o temprano aparece el cansancio. La disciplina sin afinidad puede producir resultados, pero muchas veces no produce vida.

Por eso, la competencia auténtica nace del encuentro entre talento, formación y actitud. El talento aporta fluidez; la formación aporta técnica; la actitud aporta constancia. Cuando estos tres elementos se unen, lo que hacemos empieza a tener fuerza, claridad y sentido.

Pensemos en un actor. Puede tener una expresión natural, una voz poderosa o una presencia especial, pero si no estudia, si no aprende a manejar su cuerpo, su respiración, sus emociones y la construcción de un personaje, su talento puede quedarse en intuición. La técnica no le quita verdad; le permite sostenerla.

Lo mismo ocurre con un pintor. Un niño puede dibujar con una facilidad sorprendente, pero al aprender sobre color, proporción, composición, luz y materiales, ese talento encuentra un lenguaje más amplio, la academia no necesariamente mata la creatividad; puede darle herramientas para crecer.

El problema aparece cuando creemos que aprender significa traicionar lo espontáneo. O cuando creemos que, por tener facilidad, no necesitamos humildad. Todo talento necesita ser cuidado. Incluso lo que nace de manera natural puede deteriorarse si no se atiende.

Después de los 50, esta comprensión es liberadora. No tienes que ser perfecto en aquello que redescubres. No tienes que demostrar que siempre lo hiciste bien. Puedes empezar de nuevo, aprender, practicar, equivocarte y disfrutar el proceso sin la presión de competir.

De hecho, tal vez esta sea una de las mejores etapas para cultivar un talento. Ya no desde la ansiedad de demostrar valor, sino desde el deseo de expresar algo verdadero. Ya no desde la obligación de ser reconocido, sino desde la alegría de crecer.

Creer que el talento basta puede llevarnos a abandonarlo cuando aparecen las primeras dificultades. Pero entender que el talento necesita camino nos permite perseverar sin frustrarnos.

Porque lo que realmente vale la pena no solo nace. También se forma, se cuida y se honra con el tiempo.

## LA AFINIDAD NATURAL

Llega un momento en la vida en el que la pregunta cambia. Ya no se trata solo de qué sabes hacer, ni de qué hiciste durante años, ni de qué reconocieron los demás en ti. La pregunta empieza a ser más íntima: ¿qué te hace sentir vivo?, ¿qué actividad despierta algo en ti?, ¿qué haces con una sensación de naturalidad, incluso cuando nadie te está evaluando?

A eso podemos llamarlo afinidad natural, no es necesariamente una profesión, ni un título, ni una habilidad espectacular. Es una inclinación profunda hacia ciertas actividades, conversaciones, problemas, personas o formas de crear. Es aquello que parece conversar contigo desde adentro.

La afinidad natural se reconoce porque produce energía, no significa que no canse, ni que siempre sea fácil, pero incluso cuando exige esfuerzo deja una sensación de sentido. Hay actividades que agotan, aunque salgan bien, y otras que, aun siendo exigentes, nos dejan más vivos.

A veces la afinidad aparece en cosas pequeñas, una persona que calma a un niño sin proponérselo, alguien que arregla objetos con paciencia. Quien explica ideas difíciles de manera sencilla. Quien organiza un grupo en medio del caos. Quien escucha sin interrumpir. Quien encuentra belleza donde otros solo ven rutina.

Muchas veces no valoramos esas señales porque no parecen "grandes talentos", pero la vida no siempre revela lo esencial con trompetas; a veces lo muestra en gestos cotidianos, en aquello que repetimos con gusto, en lo que otros agradecen sin que nosotros entendamos por qué.

La afinidad natural también se reconoce por el estado de concentración que produce, hay momentos en los que el tiempo parece pasar de otra manera, la mente se enfoca, el ruido externo baja y uno entra en una especie de conversación profunda con lo que está haciendo.

En esos momentos no sentimos que estamos actuando para impresionar a nadie, simplemente estamos ahí, presentes, conectados, usando algo que parece venir de muy adentro, esa sensación puede aparecer al cocinar, escribir, enseñar, reparar, pintar, acompañar, sembrar, construir, analizar, cantar, investigar o conversar.

Después de los 50, reconocer la afinidad natural puede ser profundamente revelador, tal vez durante años hiciste lo correcto, lo necesario o lo útil, pero ahora puedes preguntarte también qué te enciende, qué te devuelve entusiasmo, qué te hace sentir en casa dentro de ti mismo.

No se trata de abandonar todo lo vivido ni de convertir cada gusto en proyecto, se trata de escuchar con más respeto esas actividades que te recuerdan quién eres; porque muchas veces, en lo que te da energía, hay una pista clara de aquello en lo que eres realmente bueno.

La afinidad natural no grita, insiste suavemente, Vuelve una y otra vez en forma de curiosidad, deseo, recuerdo o emoción, y cuando finalmente la escuchas, puedes descubrir que no estabas buscando algo nuevo, sino reencontrándote con algo que siempre estuvo ahí.

## CUANDO EL CUERPO Y LA EMOCIÓN RECONOCEN EL TALENTO

Hay actividades que el cuerpo reconoce antes de que la razón pueda explicarlas, no siempre sabemos decir por qué algo nos atrae, por qué una tarea nos despierta interés o por qué una conversación nos deja con energía. Simplemente sentimos que algo se activa por dentro.

A veces ocurre con una actividad que parecía pequeña, cocinar para otros, cuidar plantas, escribir unas líneas, ordenar un espacio, enseñar algo, resolver un problema, cantar, caminar, diseñar, arreglar un objeto o escuchar a alguien con atención, mientras lo hacemos, algo cambia: la mente se enfoca, el cuerpo se relaja y aparece una sensación de presencia.

Esa sensación no es casual. Las emociones también participan en el reconocimiento de nuestros talentos, aquello que nos entusiasma, nos calma, nos concentra o nos despierta curiosidad suele estar conectado con una afinidad profunda, el cuerpo no siempre sabe explicar, pero sí sabe responder.

Por eso conviene observar qué actividades te dejan mejor de como estabas antes de empezar, no solo cuáles producen resultados, sino cuáles te devuelven vitalidad, hay tareas que puedes hacer bien, pero te agotan; y hay otras que, aunque exijan esfuerzo, te hacen sentir más vivo.

Esa diferencia es importante, porque no todo lo que haces bien te pertenece de la misma manera, algunas habilidades fueron desarrolladas por necesidad, otras, en cambio, parecen venir de una zona más auténtica de ti.

Cuando una actividad está alineada con tu afinidad natural, suele aparecer una emoción distinta: interés sostenido, entusiasmo tranquilo, curiosidad, paz o alegría, no siempre es euforia, a veces es una calma profunda, como si algo dentro dijera: "por aquí es".

Escuchar esa señal no significa actuar impulsivamente, no se trata de abandonar responsabilidades ni de cambiar de vida de un día para otro, se trata de reconocer que el cuerpo y la emoción también ofrecen información valiosa sobre lo que somos.

Después de los 50, este reconocimiento puede ser más claro. Ya sabemos diferenciar mejor entre la emoción pasajera y aquello que permanece. Podemos mirar hacia atrás y notar qué actividades nos han llamado una y otra vez, incluso cuando no les dimos espacio.

Tal vez no es tarde para aprender a escucharlas. Tal vez algunas señales que parecían simples gustos eran pistas de talentos esperando ser cultivados.

Porque, a veces, el cuerpo sabe antes que la mente cuándo algo nos pertenece, y cuando aprendemos a escucharlo, la pregunta "¿en qué soy realmente bueno?" empieza a encontrar respuestas más honestas.

## EL ERROR DE LA EFICIENCIA SIN EMOCIÓN

Durante muchos años podemos llegar a ser muy eficientes en algo sin sentirnos realmente conectados con eso, aprendemos un oficio, cumplimos una responsabilidad, dominamos una técnica y logramos resultados, desde afuera, todo parece funcionar, pero por dentro puede aparecer una pregunta silenciosa: ¿por qué, si hago esto bien, me siento tan lejos de mí?

La eficiencia es valiosa, nos permite cumplir, sostener procesos, resolver problemas y responder a la vida. Pero cuando la eficiencia se separa por completo de la emoción, puede empezar a sentirse como una carga. Hacemos, cumplimos, entregamos, resolvemos, pero cada vez sentimos menos entusiasmo.

A veces confundimos estar ocupados con estar vivos, creemos que producir, responder y mantenernos útiles basta para sentir sentido, pero el alma no siempre se alimenta de resultados, también necesita conexión, interés, curiosidad y alegría.

La eficiencia sin emoción puede enfriar la vida, nos vuelve funcionales, pero no necesariamente plenos. Nos permite avanzar, pero no siempre nos permite reconocernos en lo que hacemos.

Esto puede pasar en una profesión, en un negocio, en una labor familiar o incluso en actividades que otros consideran admirables. Podemos hacerlas bien, recibir reconocimiento y aun así sentir que algo falta. No porque seamos ingratos, sino porque una parte de nosotros necesita algo más que aprobación externa.

Tomás era eficiente como abogado. Era respetado, cumplidor y competente. Pero su verdadera vitalidad aparecía frente a los colores, no frente a los expedientes. Su historia nos recuerda que el éxito externo no siempre coincide con la afinidad interior.

Después de los 50, esta pregunta se vuelve especialmente importante: ¿qué actividades hago bien, pero me agotan?, ¿cuáles hago con gusto?, ¿en cuáles siento que se enciende algo propio?

No se trata de despreciar la eficiencia ni de negar todo lo que hemos construido, se trata de recuperar la emoción como señal, porque cuando algo nos importa de verdad, la energía cambia, la atención se vuelve más profunda, el esfuerzo tiene otro sabor y el cansancio no se siente igual.

La vida madura nos invita a hacer una revisión honesta, tal vez no todo lo eficiente debe abandonarse, pero sí puede equilibrarse con aquello que nos devuelve sentido, a veces basta con abrir un espacio pequeño para una actividad que nos emocione, otras veces, esa emoción puede convertirse en una nueva dirección.

Lo importante es no seguir confundiendo una vida correctamente organizada con una vida plenamente habitada.

Porque hacer bien algo es valioso, pero hacer algo que también te devuelve a ti mismo puede ser transformador.

## UN ACERCAMIENTO A TUS TALENTOS NATURALES

No se trata de hacer una prueba ni de encerrarte en una categoría. Se trata de observar con calma ciertas tendencias que quizá han estado presentes durante toda tu vida, incluso cuando no las llamabas talentos.

Lee cada grupo como quien mira un espejo, no marques todo ni intentes encajar perfectamente, solo detente donde sientas reconocimiento, donde algo te resulte familiar o donde recuerdes que otros, en distintos momentos, te han visto actuar de esa manera.

Algunas personas tienen el talento de hacer que las cosas sucedan, son quienes asumen responsabilidades, sostienen procesos, cumplen compromisos y convierten las ideas en acciones concretas, les molesta dejar algo a medias y suelen dar estabilidad cuando otros se dispersan, a veces no ven esto como talento porque lo han vivido como obligación, pero su capacidad de materializar es profundamente valiosa.

Otras personas tienen el talento de mover a otros con la palabra o la presencia. No necesariamente buscan ser protagonistas, pero cuando hablan, explican, animan o presentan una idea, algo se activa. Saben leer al grupo, encontrar el momento adecuado y despertar interés, su fortaleza está en influir, comunicar y encender movimiento.

También hay quienes tienen el talento de conectar y sostener, perciben emociones, silencios y tensiones, las personas confían en ellas, les cuentan lo que no le cuentan a cualquiera y encuentran en su presencia un espacio seguro. Este talento muchas veces no se mide ni se aplaude lo suficiente, pero puede cambiar profundamente la vida de quienes lo reciben.

Hay personas cuyo talento está en pensar, comprender y anticipar. Les interesa el contexto, las causas, las consecuencias y las conexiones que otros no ven. Hacen preguntas profundas, analizan escenarios y aprenden por el gusto de entender. Su fortaleza no siempre está en la rapidez, sino en la claridad que aparece después de observar con profundidad.

Es posible que te reconozcas en más de un grupo. Eso es normal. Las personas no somos una sola cosa. Podemos tener un talento dominante y otros que han aparecido en diferentes momentos de la vida.

Lo importante no es clasificarte, sino empezar a respetar la forma en que naturalmente estás hecho. Tal vez durante años minimizaste aquello que hacías bien porque te parecía obvio, tal vez otros dependían de esa capacidad tuya, pero tú nunca la viste como una fortaleza.

Por eso, al leer estas posibilidades, pregúntate dónde has estado presente toda tu vida. ¿Eres quien ejecuta, quien comunica, quien conecta o quien comprende? ¿Dónde te reconocen los demás? ¿Qué haces bien incluso cuando no estás intentando demostrar nada?

Reconocer tus talentos naturales no implica cambiarlo todo, a veces basta con dejar de ignorarlos, darles nombre ya es un primer acto de respeto.

Porque cuando nombras tus talentos, empiezas a recuperar partes de ti que quizá estuvieron funcionando en silencio, esperando ser valoradas por ti mismo.

## PREGUNTAS PARA RECONOCERTE

Después de recorrer estas ideas, vale la pena detenerse y escribir, no para llenar una tarea, sino para escucharte con más atención, a veces las respuestas más importantes no aparecen cuando pensamos rápido, sino cuando nos damos permiso de mirar la propia historia con calma.

No busques respuestas perfectas, busca respuestas verdaderas, puede que algunas lleguen de inmediato y otras necesiten varios días, lo importante no es cerrar la pregunta, sino dejar que empiece a trabajar dentro de ti.

Pregúntate primero: ¿qué cosas me han fluido toda la vida sin demasiado esfuerzo? Tal vez organizar, escuchar, enseñar, resolver, imaginar, cuidar, construir, escribir, vender, reparar, analizar o acompañar, no descartes nada por parecer pequeño. Muchas veces lo esencial se esconde en lo cotidiano.

Luego pregúntate: ¿en qué me han reconocido otros, aunque yo lo haya minimizado? A veces los demás ven con claridad talentos que nosotros no valoramos porque nos parecen naturales, recuerda frases que te hayan dicho: "tú explicas muy bien", "tú sabes calmar a la gente", "tú organizas todo", "tú ves lo que otros no ven".

También vale la pena mirar la energía. ¿Qué actividades me dan más vida de la que me quitan? Hay tareas que dejan cansancio, pero también satisfacción. Y hay otras que, aunque salgan bien, apagan algo por dentro, esa diferencia puede decir mucho.

Otra pregunta importante es: ¿qué habilidad me gustaría cultivar ahora, sin importar mi edad? Tal vez no para cambiar de profesión ni para demostrar nada, sino para sentir que una parte tuya vuelve a respirar. Puede ser aprender, crear, enseñar, acompañar, emprender, escribir, sembrar, pintar, cantar o simplemente dedicar más tiempo a algo que te conecta contigo.

Pregúntate también: ¿qué actitud necesito fortalecer para convertir ese talento en una competencia real? Tal vez disciplina, paciencia, humildad para aprender, constancia, valentía para mostrarte o capacidad para recibir retroalimentación.

Y finalmente, una pregunta central: si aceptara mis talentos sin culpa ni comparación, ¿qué lugar les daría en mi vida a partir de ahora?

No necesitas responder todo hoy. Puedes volver a estas preguntas varias veces. Cada respuesta puede revelar una pista distinta, un recuerdo olvidado o una posibilidad que antes no te habías permitido considerar.

Reconocerte no es un acto de vanidad. Es un acto de responsabilidad contigo mismo. Porque aquello que haces bien, aquello que te da vida y aquello que puedes cultivar, también puede convertirse en una forma de aportar al mundo desde un lugar más auténtico.

## CIERRE: TUS TALENTOS COMO CAMINO

Llegar al final de este capítulo no significa que ya tengas una respuesta definitiva. Tal vez ahora tengas más preguntas, más recuerdos y más señales que antes, eso es bueno. Descubrir en qué eres realmente bueno no siempre ocurre como una revelación inmediata; muchas veces aparece poco a poco, como una luz que empieza a filtrarse por una ventana que llevaba años cerrada.

Has mirado tu historia desde otro lugar. Ya no solo desde lo que hiciste, lo que lograste o lo que otros esperaban de ti, sino desde aquello que te ha acompañado de manera natural. Tal vez reconociste talentos visibles. Tal vez descubriste habilidades silenciosas. Tal vez entendiste que algo que siempre te pareció normal en realidad era una fortaleza.

Lo importante no es salir de este capítulo con una decisión tomada, sino con una mirada más honesta sobre ti mismo. Una mirada capaz de distinguir entre lo que haces por costumbre, lo que haces por responsabilidad y lo que haces porque realmente expresa algo profundo de tu manera de ser.

Tus talentos no son adornos, son pistas. Te muestran cómo piensas, cómo sientes, cómo te relacionas, cómo aportas y cómo puedes construir sentido en esta nueva etapa de la vida. Algunos talentos tal vez han estado activos durante años; otros quizá han esperado en silencio, como los pinceles de Tomás, hasta que tengas tiempo, calma y permiso interior para volver a mirarlos.

Después de los 50, reconocer tus talentos naturales puede abrir una puerta muy valiosa, no necesariamente para cambiarlo todo, sino para vivir con mayor coherencia. Para dar más espacio a lo que te da vida. Para cultivar aquello que te hace sentir presente. Para aportar desde un lugar menos forzado y más auténtico.

La pregunta ya no es solamente en qué eres bueno. La pregunta empieza a transformarse en algo más grande: qué quieres hacer con eso que descubriste. Cómo quieres usarlo. Qué lugar quieres darle. A quién puede servirle. Qué parte de tu vida puede iluminar si decides escucharlo con más atención.

Este capítulo te invita a llevar contigo esa pregunta sin afán. Déjala caminar a tu lado. Obsérvala en tus conversaciones, en tus recuerdos, en tus actividades cotidianas y en los momentos en que sientes que algo dentro de ti se enciende.

Porque tus talentos no son solo habilidades, son señales de camino, y cuando empiezas a honrarlos, la vida deja de sentirse únicamente como una suma de obligaciones y comienza a convertirse, poco a poco, en una expresión más fiel de quien realmente eres.

***Notas para recordar***

CAPÍTULO

# 4

# ¿QUÉ TE GUSTARÍA *hacer por el resto de la vida?*

# Capítulo 4

## ¿Qué me gustaría hacer por el resto de mi vida?

### DÓNDE ESTAMOS: UNA MIRADA AL CAMINO RECORRIDO

Llegar a este capítulo ya es, en sí mismo, un logro, no porque hayas terminado un libro, sino porque has aceptado detenerte a mirar tu propia vida con más honestidad. Has recorrido preguntas que muchas veces evitamos porque parecen simples, pero cuando las tomamos en serio nos llevan a lugares profundos.

En el primer capítulo te preguntaste quién eres realmente, sin títulos, cargos, roles familiares ni etiquetas que otros pusieron sobre ti, sino desde esa persona que permanece cuando el ruido de afuera se apaga.

En el segundo capítulo miraste tu mundo emocional, reconociste que las emociones no son enemigas ni señales de debilidad, sino mensajes internos que pueden ayudarte a comprender qué necesitas, qué te duele, qué te mueve y qué todavía pide atención.

En el tercer capítulo empezaste a descubrir en qué eres realmente bueno No únicamente desde lo que aprendiste a hacer por obligación o por necesidad, sino desde esas afinidades naturales que te han acompañado toda la vida, incluso cuando no siempre recibieron espacio o reconocimiento.

Ahora aparece la cuarta pregunta, quizá la más amplia y la más desafiante: ¿qué me gustaría hacer por el resto de mi vida?

Esta pregunta no debe sentirse como una presión, no viene a exigirte grandes decisiones ni a imponerte un nuevo plan perfecto, viene a invitarte a unir lo que ya descubriste: quién eres, cómo sientes y qué talentos pueden ayudarte a vivir con más sentido.

Muchas veces pensamos en el futuro desde el miedo, desde la edad, desde lo que falta o desde lo que ya no será posible, pero también podemos mirarlo desde otro lugar: a partir de la experiencia, la libertad, la madurez y la posibilidad de elegir mejor.

No se trata de empezar de cero, nadie llega a esta etapa vacío, llega con historia, aprendizajes, heridas, fortalezas, relaciones, talentos, recuerdos y una manera propia de mirar el mundo.

La pregunta entonces no es solamente qué vas a hacer. La pregunta es cómo quieres vivir, qué deseas cuidar, qué quieres aprender, a quién quieres acercarte, qué necesitas soltar y qué parte de ti merece volver a ocupar un lugar en tus días.

Este capítulo es una invitación a mirar hacia adelante sin negar lo vivido, a reconocer que la vida madura no es una sala de espera, sino un territorio fértil donde todavía pueden nacer decisiones, proyectos, vínculos, aprendizajes y formas nuevas de alegría.

Porque cuando sabes un poco más quién eres, cuando entiendes mejor lo que sientes y cuando empiezas a reconocer tus talentos, la vida deja de ser solo continuidad, empieza a convertirse en elección.

## LA PREGUNTA QUE YA NO DEBE ASUSTARNOS

Durante muchos años, pensar en el futuro fue casi una obligación práctica, había que estudiar, trabajar, sostener una familia, pagar cuentas, cumplir compromisos, responder por otros y avanzar, aunque no siempre hubiera tiempo para preguntarse si ese camino seguía teniendo sentido.

Después de los 50, la pregunta cambia, ya no se trata solo de qué toca hacer, sino de qué queremos hacer con más conciencia, y esa diferencia puede producir temor, porque durante buena parte de la vida nos acostumbramos a decidir desde la necesidad, no desde el deseo.

La pregunta "¿qué me gustaría hacer por el resto de mi vida?" puede sonar enorme, casi intimidante, parece exigir una respuesta definitiva, como si hubiera que diseñar de una vez todo el camino que viene, pero no tiene que ser así, no es una sentencia, es una invitación.

No necesitas saberlo todo hoy, no necesitas cambiarlo todo mañana, no necesitas tener un proyecto perfecto, ni una misión grandiosa, ni una lista impecable de objetivos, a veces basta con empezar por algo más sencillo: reconocer qué te hace sentir vivo.

Eso fue lo que descubrió Elena, una mujer que llegó a un pequeño pueblo de la costa pensando que estaría allí solo un día, se quedó una semana escuchando las historias de Jerónima, una mujer que hacía arepas frente al mar y hablaba de tormentas, caminos sin pavimentar, pescadores y promesas que se perdían como espuma.

Elena no había llegado buscando una respuesta, había llegado con preguntas, ya se había preguntado quién era más allá de sus roles, había mirado sus emociones con más honestidad y había reconocido que una de sus grandes afinidades era narrar, observar y convertir la vida en palabras.

Por eso, cuando escuchó a Jerónima contar sus historias, algo se encendió, no era una orden, sino una suave claridad, comprendió que quizá no quería pasar el resto de su vida corriendo detrás de obligaciones, sino escribiendo, viajando, escuchando y dejando memoria de esas vidas pequeñas que casi nadie mira.

La respuesta no llegó como un plan completo. Llegó como una sensación de verdad. Como una ventana entreabierta. Como una dirección posible.

Eso es lo importante, la pregunta por el resto de la vida no siempre se responde con un gran proyecto, a veces se responde con una emoción serena, con una actividad que nos devuelve energía, con una conversación que nos ilumina o con un deseo que llevaba años esperando permiso.

No se trata de huir de la vida que tenemos. Se trata de preguntarnos qué parte de nosotros quiere vivir con más presencia, más coherencia y más alegría.

Porque decidir qué hacer con el resto de la vida no empieza con un calendario. Empieza con una señal interior: aquello que, al imaginarlo, nos hace respirar distinto.

## QUÉ ME SOSTIENE POR DENTRO

Para pensar en lo que quieres hacer con el resto de tu vida, no basta con mirar hacia afuera, antes de decidir proyectos, viajes, actividades o nuevas metas, vale la pena preguntarte qué te sostiene por dentro.

Esa dimensión interior no tiene que ser religiosa, aunque para muchas personas puede serlo, puede tomar la forma de la oración, la meditación, el silencio, la contemplación, la escritura, la naturaleza, la música, una conversación profunda o una caminata lenta al final de la tarde.

Lo importante es reconocer qué te devuelve centro cuando la vida se mueve demasiado, qué te calma cuando aparece la incertidumbre, qué te recuerda que sigues siendo más que tus preocupaciones, tus pérdidas, tus pendientes o tus miedos.

Después de los 50, esta pregunta se vuelve especialmente valiosa porque ya sabemos que la vida no se controla por completo, hemos vivido cambios inesperados, despedidas, alegrías, frustraciones y nuevos comienzos, por eso necesitamos una brújula interior que no dependa únicamente de lo que ocurre afuera.

Pregúntate con honestidad: ¿qué me da paz?, ¿qué práctica me conecta conmigo?, ¿en qué momentos siento que vuelvo a respirar mejor?, ¿qué me ayuda a mirar mi vida con más serenidad?

Tal vez descubras que necesitas más silencio, o más naturaleza, o más lectura, o más conversación verdadera, tal vez necesites volver a una práctica espiritual que dejaste atrás, o crear una nueva forma de encuentro contigo mismo.

No se trata de agregar otra obligación a la lista, se trata de encontrar una fuente, algo sencillo, real y posible que te permita volver a ti cuando el mundo se acelera.

Porque cualquier decisión sobre el futuro necesita un lugar interior desde donde sostenerse, sin esa base, incluso los mejores planes pueden sentirse vacíos, con ella, hasta los pasos pequeños pueden tener sentido.

## QUÉ QUIERO CUIDAR: CUERPO, MENTE Y EMOCIONES

Pensar en el resto de la vida también implica preguntarse qué queremos cuidar, sin miedo ni obsesión por conservarnos iguales, sino desde la gratitud por todo lo que todavía nos permite vivir, aprender, sentir y compartir.

El cuerpo merece un lugar especial en esta reflexión, no como enemigo que cambia, sino como compañero que nos ha sostenido durante años, después de los 50, cuidarlo no significa perseguir estándares ajenos ni intentar volver a los treinta. Significa escucharlo con más respeto: cómo duerme, cómo respira, qué alimentos le hacen bien, qué movimientos le dan energía y qué señales pide atender.

La mente también necesita seguir viva, aprender algo nuevo, leer, estudiar, conversar, escribir, escuchar música, resolver problemas o acercarse a la tecnología no son simples pasatiempos, son formas de recordarle al cerebro que todavía hay caminos por abrir, la experiencia acumulada no estorba; al contrario, permite aprender con más conexiones, más contexto y más profundidad.

Las emociones, por su parte, necesitan espacio, ya no estamos para cargar silencios innecesarios ni para vivir demostrando una fortaleza que nos aleja de nosotros mismos, cuidar la vida emocional significa reconocer lo que sentimos, pedir ayuda cuando hace falta, hablar con más claridad y soltar, poco a poco, aquello que solo pesa.

Cuidar estas tres dimensiones no exige grandes revoluciones, a veces empieza con caminar unos minutos, dormir mejor, tomar agua, escribir lo que sentimos, llamar a alguien querido, aprender una palabra nueva en otro idioma o dejar de exigirnos como si la vida fuera una carrera interminable.

Lo importante es preguntarse: ¿qué pequeño hábito me ayudaría a vivir mejor?, ¿qué necesita mi cuerpo hoy?, ¿qué quiere aprender mi mente?, ¿qué emoción necesita ser escuchada?

El futuro no se construye solo con sueños, también se construye con cuidado, porque para hacer algo valioso con el resto de la vida, necesitamos habitar con respeto el cuerpo, la mente y el corazón que nos acompañan.

## QUÉ QUIERO CONSTRUIR: RECURSOS, RELACIONES Y SENTIDO

Después de mirar lo que te sostiene y lo que quieres cuidar, aparece una pregunta muy concreta: ¿qué quiero construir con lo que tengo, con lo que sé y con lo que soy? Esta pregunta no habla solo de dinero, aunque los recursos importan. Habla también de relaciones, de propósito y de la manera cómo quieres organizar tus próximos años.

La dimensión económica debe mirarse con serenidad y realismo, no desde el miedo, sino desde la claridad. ¿Qué necesito para vivir con tranquilidad? ¿Qué gastos son esenciales y cuáles ya no tienen tanto sentido? ¿Qué puedo simplificar? ¿Qué conocimientos, experiencias o talentos podrían convertirse en una fuente de ingreso, asesoría, enseñanza, mentoría, emprendimiento o servicio?

Construir también implica revisar las relaciones, después de los 50, los vínculos cambian, los hijos tienen su vida, sus responsabilidades y sus tiempos, la pareja, si la hay, también vive su propio proceso, las amistades se transforman, por eso, amar en esta etapa exige menos reclamo y más comprensión, menos dependencia y más presencia.

No se trata de querer menos, sino de amar mejor. Decir "te quiero" con más frecuencia, expresar orgullo sin esperar una ocasión especial, crear nuevas formas de cercanía: una llamada breve, un mensaje, una foto, una visita tranquila, una conversación sin reproches, la compañía no desaparece; muchas veces solo cambia de forma.

También es importante construir nuevas redes, grupos de lectura, comunidades, amistades, espacios de aprendizaje, voluntariados, talleres o conversaciones alrededor de intereses compartidos, nadie está hecho para vivir aislado, pero tampoco para depender emocionalmente de una sola persona.

Y finalmente está el sentido, esa pregunta profunda sobre lo que queremos aportar. ¿A quién quiero ayudar? ¿Qué experiencia puedo compartir? ¿Qué huella quiero dejar en mi familia, en mi comunidad o en quienes se crucen conmigo? No tiene que ser algo grandioso, a veces dejar huella es escuchar mejor, enseñar algo, acompañar a alguien, escribir una historia o transmitir esperanza.

Construir el resto de la vida no significa llenarla de obligaciones nuevas. Significa darle forma a una vida que tenga tranquilidad, vínculos sanos y propósito. Una vida donde los recursos sostengan, las relaciones nutran y el sentido ilumine.

Porque a esta edad ya no se trata solo de acumular. Se trata de elegir con más sabiduría qué vale la pena cuidar, compartir y dejar sembrado.

## UNA HERRAMIENTA PARA DECIDIR CON CLARIDAD

Después de mirar lo que te sostiene, lo que quieres cuidar y lo que deseas construir, llega un momento importante: ordenar la decisión. Porque una cosa es sentir que algo nos llama, y otra muy distinta es convertir esa intuición en un camino posible.

A veces nos quedamos atrapados en un solo ángulo, si pensamos solo desde la emoción, podemos idealizar una vida que no hemos mirado con suficiente realismo. Si pensamos solo desde la razón, podemos apagar deseos legítimos que necesitan espacio. Si pensamos solo desde el miedo, no avanzamos, y si pensamos solo desde la ilusión, podemos olvidar los riesgos.

Por eso puede ser útil mirar la decisión desde varias perspectivas. Edward de Bono propuso una herramienta sencilla y profunda conocida como los Seis Sombreros para Pensar, la idea es observar una decisión desde distintos modos de pensamiento, sin mezclarlo todo al mismo tiempo.

El sombrero blanco mira los hechos: qué sé, qué datos tengo, qué necesito averiguar, el sombrero rojo escucha la emoción: qué siento, qué me entusiasma, qué me inquieta, el sombrero negro observa los riesgos: qué podría salir mal, qué debo cuidar, qué trampas necesito evitar.

El sombrero amarillo mira las posibilidades: qué puede salir bien, qué beneficios podrían aparecer, qué valor tendría intentarlo, el sombrero verde abre la creatividad: qué alternativas existen, qué caminos no he considerado, qué podría hacer de manera distinta. Y el sombrero azul organiza todo lo anterior para convertirlo en una decisión más clara.

Esta herramienta no busca darte una respuesta perfecta, busca ayudarte a pensar mejor, a no decidir solo desde el impulso, ni solo desde el miedo, ni solo desde lo que otros esperan, te permite escuchar tu emoción sin obedecerla ciegamente, revisar la realidad sin apagar el deseo y abrir opciones sin perder dirección.

Para esta etapa de la vida, puede ser especialmente valiosa, porque ya traes experiencia, emociones, talentos, historia y deseos acumulados, lo importante ahora es unirlos con serenidad para elegir un camino que tenga sentido para ti.

Elegir con claridad no significa eliminar la incertidumbre, significa avanzar con más conciencia, y eso, después de los 50, puede ser una de las formas más hermosas de libertad.

## PREGUNTAS PARA DISEÑAR LA VIDA QUE VIENE

Ahora llega el momento de llevar todo esto a tu propia vida, no como una tarea que debes completar de una vez, sino como una conversación serena contigo mismo. Diseñar la vida que viene no significa controlar el futuro, sino empezar a darle dirección a tus próximos pasos.

Toma una hoja y responde sin prisa. No busques frases elegantes ni respuestas definitivas. Busca honestidad.

¿Qué me sostiene por dentro cuando la vida se vuelve incierta?

¿Qué necesito cuidar más en mi cuerpo, mi mente y mis emociones?

¿Qué actividades me hacen sentir vivo, útil o entusiasmado?

¿Qué talentos míos podrían tener más espacio en esta nueva etapa?

¿Qué gastos, compromisos o hábitos puedo simplificar para vivir con más tranquilidad?

¿Qué relaciones quiero cuidar con más presencia y menos reclamo?

¿Qué nuevas redes, amistades o comunidades me gustaría construir?

¿Qué experiencia puedo compartir con otros?

¿Qué sueño dejé guardado que ahora podría volver a mirar?

¿Qué decisión pequeña puedo tomar esta semana para acercarme a la vida que deseo?

Estas preguntas no buscan empujarte hacia una respuesta grandiosa. A veces el primer paso es mucho más sencillo: ordenar una habitación, hacer una llamada, inscribirte en un curso, caminar cada mañana, escribir una página, recuperar una amistad, ofrecer ayuda o dedicar una hora semanal a algo que habías dejado olvidado.

Lo importante es que ese paso sea real, pequeño, posible y tuyo.

Porque la vida que viene no se diseña únicamente con grandes decisiones, se diseña con actos repetidos, con hábitos que sostienen, con vínculos que nutren y con momentos donde eliges vivir desde lo que ya sabes de ti.

No necesitas tener todo claro para comenzar, muchas veces la claridad aparece caminando. Lo esencial es no quedarte detenido esperando una certeza perfecta que quizá nunca llegue.

Empieza por una decisión pequeña, pero consciente, una que te acerque a tu paz, a tu entusiasmo, a tu salud, a tus talentos o a tu sentido.

Ahí empieza el resto de tu vida: no en una fecha especial, sino en el instante en que decides escucharte y actuar con amor propio.

## CIERRE: VIVIR HACIA ADELANTE

Llegar al final de este capítulo no significa que ya tengas resuelto todo lo que quieres hacer con el resto de tu vida. Tal vez ahora tengas más claridad, pero también nuevas preguntas. Eso está bien. Las preguntas importantes no siempre se responden de inmediato; a veces necesitan caminar con nosotros durante un tiempo.

Lo valioso es que ya no estás mirando el futuro desde el vacío. Ahora puedes mirarlo desde una base más firme: sabes un poco más quién eres, entiendes mejor lo que sientes, reconoces con más respeto tus talentos y puedes empezar a elegir con más conciencia.

La vida después de los 50 no tiene por qué ser una despedida lenta. Puede ser una etapa de rediseño, de aprendizaje, de vínculos más sanos, de decisiones más libres y de proyectos que nacen no desde la obligación, sino desde el sentido.

No necesitas demostrarle nada a nadie, no necesitas vivir como otros esperan, no necesitas repetir una vida que ya no conversa contigo, lo que sí puedes hacer es escucharte con más honestidad y preguntarte, una y otra vez, qué te acerca a una vida más tuya.

Vivir hacia adelante no significa negar lo vivido. Significa tomar todo lo aprendido, incluso lo difícil, y convertirlo en una brújula. Significa agradecer lo que fue, soltar lo que pesa y abrir espacio para lo que todavía puede nacer.

Quizá no controles cuánto tiempo queda, pero sí puedes cuidar la forma como lo habitas. Puedes elegir con quién conversar, qué aprender, qué sembrar, qué perdonar, qué disfrutar, qué simplificar y qué pequeña decisión tomar para sentirte más vivo.

El resto de la vida no empieza mañana ni cuando todo esté perfecto. Empieza en el momento en que decides dejar de vivir solo por costumbre y comienzas a vivir con intención.

Y si algo merece quedarse al cerrar este capítulo, quizá sea esto: todavía hay camino, todavía hay posibilidades, todavía hay una versión de ti que quiere ser escuchada.

La vida no se terminó. Cambió de ritmo.

Y ahora puedes caminarla con más libertad, más serenidad y más amor propio.

EPÍLOGO

# EPÍLOGO

## EL COMIENZO DE *un nuevo camino*

# EPÍLOGO

## LA *CONVERSACIÓN* CONTINÚA

Llegar al final de este libro no significa haber terminado el camino. Al contrario, tal vez este sea apenas el momento en que la conversación empieza de verdad. Durante estas páginas te has hecho preguntas que no siempre aparecen en la vida diaria, porque la rutina, las responsabilidades y el ruido del mundo suelen ocupar demasiado espacio.

Te preguntaste quién eres realmente, más allá de los títulos, los cargos, los roles y las historias que otros han contado sobre ti. Miraste tus emociones no como obstáculos, sino como señales internas que merecen ser escuchadas. Reconociste talentos, afinidades y capacidades que tal vez estuvieron contigo durante años sin recibir suficiente atención. Y finalmente te acercaste a una pregunta profunda: qué quieres hacer con el resto de tu vida.

Ninguna de estas preguntas necesita una respuesta definitiva. La vida no funciona como un examen que se aprueba de una vez y para siempre. Somos seres en movimiento. Cambiamos, aprendemos, soltamos, descubrimos y volvemos a empezar más veces de las que imaginamos.

Después de los 50, conocerse no es mirar hacia atrás con nostalgia. Es mirar hacia adentro con honestidad y hacia adelante con esperanza. No para negar lo vivido, sino para darle un nuevo significado. Todo lo que has sido, incluso aquello que dolió, forma parte del material con el que puedes construir una etapa más consciente.

Tal vez este libro no te entregó respuestas cerradas, y está bien. Su intención nunca fue decirte cómo vivir. Su propósito fue acompañarte a escuchar mejor tu propia voz, esa que a veces se pierde entre lo que otros esperan, entre lo que la sociedad celebra o entre lo que tú mismo creíste que debías ser.

Ahora queda lo más importante: llevar estas preguntas a la vida real. A tus mañanas, a tus conversaciones, a tus silencios, a tus decisiones pequeñas. Preguntarte qué necesitas cuidar, qué debes soltar, qué deseas aprender, a quién quieres acercarte, qué talento merece espacio y qué parte de ti quiere volver a respirar.

No necesitas cambiarlo todo para empezar, a veces basta una decisión sencilla, pero verdadera; una llamada pendiente, una caminata, una página escrita, una conversación honesta, un curso, un perdón, una nueva rutina, un gesto de amor propio, la vida se transforma muchas veces desde actos pequeños sostenidos con intención.

La edad no apaga la posibilidad, la vuelve más selectiva, nos enseña a distinguir entre lo urgente y lo importante, entre lo que pesa y lo que nutre, entre lo que otros esperan y lo que realmente conversa con nuestra alma.

Por eso, al cerrar estas páginas, no pienses que llegaste al final, piensa que acabas de abrir una puerta, tal vez no sabes todavía exactamente hacia dónde conduce, pero ya sabes algo esencial: puedes caminarla desde una relación más honesta contigo mismo.

Que este libro sea una invitación a seguir preguntando, a seguir aprendiendo, a seguir sintiendo y a seguir eligiendo. Que te recuerde, cada vez que lo necesites, que todavía hay camino, todavía hay luz, todavía hay historia por escribir.

Porque conocerse después de los 50 no es volver a empezar desde cero.

Es empezar desde todo lo vivido, con más conciencia, más serenidad y más amor propio.

## *Notas para recordar*

# SOBRE EL AUTOR

## MAURICIO G SALGADO CASTILLA

Mauricio G Salgado Castilla es escritor, mentor y guía en procesos de transformación personal. Su trabajo se centra en acompañar a las personas a redescubrir su propósito, reconocer sus talentos y tomar decisiones más conscientes para construir una vida con sentido.

Con una trayectoria dedicada al desarrollo humano, Mauricio combina experiencia profesional, reflexión personal y herramientas prácticas para inspirar claridad, confianza y acción en quienes están en búsqueda de un cambio real.

A través de sus libros y programas, busca entregar contenido profundo, cercano y aplicable, que motive a sus lectores a dar pasos concretos hacia la vida que realmente desean.

*No se trata de encontrar un camino perfecto, sino de animarte a construir el tuyo con conciencia y propósito.*

EL FIN... O MEJOR DICHO,

*el comienzo de algo nuevo.*

Cada historia que lees,
te deja algo.
Cada página que cierras,
abre la puerta a nuevas ideas,
sueños y aventuras
que aún están por venir.

♡

*Sigue leyendo.*
*Sigue creciendo.*

TU HISTORIA CONTINÚA.

www.ingramcontent.com/pod-product-compliance
Lightning Source LLC
La Vergne TN
LVHW050938080826
845145LV00004B/1313

*9781972915097*